U0065656

用IG思維，做自己的學涯設計師

陳坤平——著

contents

Chapter 1

你有多久沒說「我以後想做……」

生涯規劃，從學涯規劃開始

Chapter 2

「我的人生我決定！」
但你得先認識自己

從天賦、現狀、價值觀找自己

contents

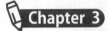 Chapter 3

你對未來的想像越清楚，
就越知道為何而學

探索適合的議題、產業、科系

Chapter 4

現在通往未來

規劃為你加分的「學習歷程檔案」

推薦序

開放式思考題，引導學生系統化自我探索

葉士昇
高雄國教輔導團高中自主學習專案講師／民權國小資訊教師

在帶領高中生做自主學習時，一直有個小缺憾。因為時間短暫，無法帶學生好好探究自己。偏偏「自我探索」是「自主學習」和「學習歷程」相當重要的元素，自我定位不清楚，這兩項學習活動的焦點也可能變得模糊。

所以當看到《用 IG 思維，做自己的學涯設計師》這本書的時候，我覺得好熟悉也好喜歡，因為書本提供了大量「學涯設計單」，無論是學生自己試著透過設計單跟自己對話，或是老師試著透過設計單來引導學生，都是非常棒的設計。

就像我在自主學習入班過程中，會遇到各種學生，有些學生需要較多的時間來引導，而在引導的過程裡，我也會習慣給予學生「可以跟著做的範例」，透過模仿，思考，最後再讓

學生走出自己的風格。

當然，有時候我們不喜歡大量的學習單將學生的思考限制住，但是像這類開放式的學習單，有機會引導學生更深層的探討自己從未思考過的面向，讓學生的思考透過系統化的引導，更全面的呈現，這是我喜歡這本書的第一個原因。

而且我更喜歡作者實踐的精神，一個台大畢業生，透過身體力行去探索自己，把自己拉出舒適圈外，這樣的做法對我來說是有說服力的，也更能說服讀者，讓讀者相信「他是玩真的」。就像我一個小學老師進入高中現場教自主學習，一開始也難免有懷疑的眼光，但是當我打開教室，讓老師看看學生的改變時，也增加了許多願意試著教導自主學習的教師夥伴，我想作者也會如此。

用身體實踐過的深刻體驗，讓作者後面的陳述都變得更生動有力，也跳脫出了這本書只是另外一種純然思考的氛圍，讓人願意跟著一起做做看，也相信自己可能做得到。

還有這本書裡面有大量新生代的語彙與情境，例如把學習歷程用 IG 的「個人檔案」、「簡介」、「追蹤中」、「精選動態」、「貼文區」來比擬，我真的從來沒有這樣想過啊！比起我的

語言來說，本書的語彙絕對更貼近高中生的生活日常。當語言、想法接近了，能夠被引用、學習的可能性也提高許多。

最後我還是誠摯推薦，如果你的學習歷程有點卡關、生涯探索也不是很順利，不妨看看本書，我相信一定有機會可以讓你「學習生涯，成就解鎖」喔！

推薦序

動機不一樣，高中生活就會不一樣

許匡毅
啟夢教育創辦人

「在探索的過程中，你會認識沒想過的自己。」這是書本中的一段話，相信也會是作者坤平希望帶給讀者最大的影響與改變。

我是啟夢教育的創辦人許匡毅，平常最常接觸的客群就是高中生。高中，充滿著無限可能，卻也充滿著無限束縛。因為是學生，因此可以做各種嘗試，未來也會奔向各式各樣的大學與科系；也因為是學生，課表、考試、學習歷程檔案等，各式各樣的要求壓得學生喘不過氣。

然而，要如何在有限的時間與空間裡，活出無限的可能性？這本書會是一把很棒的鑰匙。

有一個很特別的故事。曾經有一位北一女的學生,她參加啟夢活動後,寫下這樣的感想:「探索之後,對於學習的感覺差很多,以前讀書是為了成績與考試而讀,現在是為了自己的未來而讀。」同樣的事情,因為心境與目標的不同,使得學生有完全不同的體驗與感受,更有不同的動機與成果。

《用 IG 思維,做自己的學涯設計師》就跟啟夢活動一樣,透過作者坤平的引路以及各種生涯探索工具的引導,讓學生可以及早思考:為什麼要讀高中?要如何把握高中的資源?翻轉學生對於自主學習、學習歷程檔案、在高中讀書學習的想像與感受,並得以在高中逐漸找到自己的天賦、熱情、能力、人格特質。

書本中有各種探索表,例如:議題探索表、產業探索表、職業探索表、學習組合計畫表……等。相信這些工具,都可以讓同學有一個不一樣的高中生活,也讓同學認識不一樣的自己。

「探索是一段進程,你會越來越認識自己,也會在過程中改變,沒有人能一箭中的,越早開始,就越有調整的可能。」這是書本中的另外一句話,祝福各位同學,能善用此書的方法,過一個精采不後悔的高中生活。

推薦序

找回
「學習歷程」的本質

羊正鈺
雜學校前客座主編／學習家小羊

「學習歷程」四個字，可能是近兩、三年教育圈討論度最高的詞。對有些人而言，或許只是茶餘飯後的談資，但對於許多學生和家長來說，卻可能是個夢魘，不管立意多好的教育改革，只要跟「升學」掛鉤，都要大打折扣。

我很喜歡坤平在《用 IG 思維，做自己的學涯設計師》書中提到的一個概念，其實「學習歷程」就像是現在年輕人流行在 IG（Instagram）上經營自己的創作者帳號，不過，要開始一個公開創作者帳號前，第一步要想的不是如何執行，而是「我為什麼要開帳號」（Why）、接下來是「如何透過帳號來達到目的的策略」（How），最後才是執行的問題（What），這就是「黃金圈法則」的簡單概念，難在如何一步步落實，這本書提供的就是一個讓學生自己操作的架構。

學習歷程的本質，並不是一個用來升學的工具，而是讓學生能夠從高一就開始探索自己、設定目標／策略之後，自主去學習、實作，再不斷調整優化的「筆記」。只是，這一份累積三年、獨一無二的筆記，剛好也可以拿給教授看罷了！

我個人覺得，學習歷程之所以在教學現場執行遇到這麼多問題，除了因為跟升學綁在一起，導致大多數的家長和學生很難專注在它的「本質」；還有一個關鍵原因，就是從探索自己到設定目標、實作的過程，跟過去的教育模式大相徑庭，學生不知道該如何進行，老師自己也不見得知道，再加上老師的時間不多、要照顧的學生又很多，當然會引起各種不滿和抱怨。

本書提出的架構，第二章認識和找出自己的天賦、熱情、人格特質到價值觀，第三章再從議題出發，帶領同學去想像自己未來的產業、職業到科系，以及第四章實際去設計自己的學習歷程、自主學習計畫和反思，就是讓學生在沒有老師的協助下，可以「自求多福」的一套工具。

而我認為，新世代的學習者的優勢，除了自主學習的能力，更重要的就是主動向外尋找自己的 Mentor，學校裡、講台上的那個人不再是唯一的「老師」，在教室外、網路上多的是

我們可以求教的對象和 role model，只在於自己敢不敢「開口問問題」而已。

最後，我想勉勵學習者，「學習歷程」不是一個名詞，而是動詞。認識自己、設定目標、動手實作，再不斷優化，絕對是最有價值的學習，不只是學生，社會上多數的大人也還在做一樣的事情。不用我說你也知道，早做一定比晚做還吃香，何況擁有更多社群平台像是 FB、IG、YouTube、LinkedIn 的你們，要找到各領域的 Mentor 不是難事，剩下的，就是你們的事了。

推薦序

人生，
可以設計嗎？

吳承穎
爆學力教育推廣協會共同創辦人暨理事長

在台大大二休學的那段時間，我最常問自己的問題就是：「我的人生，接下來到底要做什麼？」那大概是我人生第一次遇到完全的空白。學校的鐘聲不再決定我的作息，老師的作業不再左右我的時間。然而，當沒人能再插手我的人生，我的人生，要做什麼呢？

這個問題，我一直問我自己，也催生出強大動力。我買一台3D列印機，找設計師合作，做出了立體手機殼並賣出幾十個；我加入一個創業團隊，和夥伴從零打造出服務模式（完成後我就退出了），現在公司年營收上千萬；我開始有系統學習寫文案、做網路廣告，後來幫助我畢業後順利找到工作。

賈伯斯說：「只有在未來回顧時，你才能把過去的點點滴滴

連結起來。」對於「我的人生要做什麼？」的持續叩問，無疑是我的養分，讓我逐漸聚焦未來的路，並有能力創立服務 40 所高中的非營利組織。

大學時，我多少聽過「設計你的人生」課程，但都沒機會去上。看到了坤平兄這本《用 IG 思維，做自己的學涯設計師》，我才發現原來我一直都有意無意地用到書中的某些方法。很可惜的是，當時身為大學生的我，沒機會接觸到這本書，不然相信我的探索之旅一定會更有系統，也挖掘到更深的自我。

而身為高中生的你，現在就有一本「學涯攻略」放在你眼前。這本書不只有完整的探索方法論，也有操作簡單卻強大的學習單（我特別喜歡「產業探索表」和「學習組合計畫表」），更有許多人現身說法，分享自己的人生歷程。整本書有故事、有方法，只要好好閱讀、思考並實踐，相信你不只能完成一份厲害的學習歷程檔案，也能比更多人擁有豐富而有趣的高中生活、大學生活，甚至職涯。

回到我們的標題：「人生，可以設計嗎？」我的回答是，不只可以設計，還可以創造和改變。我最喜歡的事情之一，就是獨自思考人生的未來。未來的各種可能性總是令我憧憬，而想到自己真的能走向這樣的未來，則令我興奮無比。

推薦序

透過一次次練習，
更認識自己

王宣茹
行政院開放政府國家行動方案推動小組民間委員／禁用塑膠吸管政策提案人

「生活的樣貌不是刻意營造的，當我們不再向外追求，而是
反求內心平穩時，一切都渾然天成了。」

生命是漫長的一趟旅程，想和正在任何階段的你說聲：「辛
苦了。」而在高中這段準備開始認識自己的時期，要短時間
找清楚自己的方向固然是困難的；因為生活經驗不只回憶，
更在無形中影響我們的價值觀與判斷。

4 年前尚在高中的我，想嘗試留學日本學設計的期間，與相
關人士請益、上網查找資料，但始終無法知曉要跟隨誰的意
見。不過原來最大的阻礙和最好的意見其實來自於——自己
內心的聲音。

那時的我擔心與身旁的同學目標不同，看起來很「不乖」，因為無論什麼課，我幾乎都在讀留日考試的內容，這使我在學業複習的比例上倍感壓力，因為心在留學考，卻身在學測的泥淖中。直到在一次與友人的聊天中，我才確信「和別人不一樣其實沒關係」，停止內心無謂的拉鋸與內耗，始專注於這趟踏實的築夢之旅。這也是我在書中與坤平的談話裡，最後想分享給大家 "Dare to be different." 這句話的由來。

《用 IG 思維，做自己的學涯設計師》是一本邏輯序列清楚的引導，透過一次次練習，21 歲的我在閱讀的過程中，也跟著筆者理性的脈絡，有機會重新認識了一次自己，更加清楚內心的聲音。因為不只高中，到了大學、出社會後，我們都還是會面臨一次次規劃自己職涯、生涯的時刻。當心中聲音飄忽不定時，那種在意他人眼光的壓力油然而生。無論現在的你是否徬徨於志向探索或科系選擇，「學涯設計單」是一個很好的生活練習，能讓我們嘗試找到適合自己、有熱誠、具天賦的領域。

當自己的心安定下來時，做什麼事其實都會是充滿活力與滿足的。祝福每個讀者在書中透過坤平一層一層的脈絡梳理，都能找到那個使自己義無反顧的踏實感。

推薦序

一本練習思辨的
生涯規劃書

蘇詩涵
Snapask 時課問幕僚長

與坤平老師的緣分,起自於 Snapask 時課問因應 108 課綱家長師生痛點,而開設的「學習歷程檔案製造所」課程的直播推廣,身為虔誠基督徒的坤平老師,富有極高教育熱忱,視解學生之痛為己任,更以他自己豐富的人生經驗不吝給予分享,在直播當下,獲得學生們超乎想像的熱烈回響。

閱讀著本書,回想我的學涯,為了應付考試,所有的學習資源,僅限於教科書、參考書、題庫。記憶中的日常,從暑假的國中先修班開始,不是在學校或補習班,就在前往學校與補習班的路上。108 課綱所推動的跨領域學習、自我探索、自主學習,在還是聯考的年代,根本不存在;演進到會考、學測的今天,仍因為高度考試壓力,學科成績還是絕大部分學生的唯一。

身為一個即將入小學幼女的母親，非常贊同坤平老師的幾個觀點，認為值得家長與學生們在終身學習的路上以終為始地思考練習：

一、沒有標準答案的新課綱不麻煩，因為人的一生，就是申論題，需要思考後有邏輯的設計，而非盲從。

二、人生需要想像。勇敢地想像，認真地搜集能達到想像中的自己所需要建構的能力，審視自身的特質，在過程中培養、獲得相關的知識技能。

三，找到熱情，然後聚焦。對於自己有熱情的事物，你會願意花很多的時間與心力鑽研，痛苦並快樂著，過程中認識並了解自己熱衷的原因，放膽嘗試。

《用 IG 思維，做自己的學涯設計師》一書，引導學生先想像自己的未來，從職涯回推自己所需要培養鍛鍊的各種肌肉能力，正是教育部推動 108 課綱教改的真正目的，讓台灣的下一代，及早練習思辨，設計自己的人生。祝願我們的孩子們，都能在學習的過程中獲得樂趣，有意識的設計規劃並掌控自己的人生。

推薦序

一步步
預見未來的樣貌

蕭典義
ONLY 實驗教育創辦人／《18 學群—學習歷程完全攻略主編》

會認識坤平，是在 2021 年，台灣疫情最嚴重之時。受到
疫情影響，當時所有活動一律改成線上，也才有機會認識
WeTeach 團隊。深入了解坤平針對學生推動的免費生涯探索
教育，以及活動課程設計後，我深切感受到這個年輕團隊的
熱情和公益之心，因此樂意推薦這本特別的書。

在教育界待了超過 20 年，我向來秉持「天賦自由、適性揚才；
接納唯一（自己）、自然第一」的理念，希望陪伴學生做好
生涯規劃輔導。在我看來，坤平並非自教育界出身，卻勇於
跨界的他，帶來許多迥異於傳統教育界的新思維。更重要的
是，坤平擁有一顆想要熱切陪伴學生探索生涯的心，相當難
得可貴。

在這本書中，不單只談觀念，還提供了能實際操作的學涯設計單，帶領學生先看看未來的樣貌，並一步步建立從職涯到學涯、未來導向的學習規劃。另外，書中整合許多優質、免費的資源，能與高中的生涯規劃教科書相互搭配，若善加利用，將收穫無窮。誠心推薦這本書給各位同學、家長與老師！

自序
—

我想聽見
更多有夢想的學涯故事

這兩段故事,是我的親身經歷,在所走的教育路上,不斷推動我往前。

大學時,我在台大開設了一門服務學習課,為永和地區的中學生輔導課業。我們的團隊多數是台大學生,也有一些來自教會、已在工作的大哥大姐同行;為期數年的每週六上午,我們風雨無阻,這就是 WeTeach 的前身。因為這些充滿熱忱的志工(許多人後來成為了老師),很多學生的成績進步;隨著一屆屆畢業、升學,我們幫助的學生超過了 200 位。

後來我自己大學畢業,課輔班也交棒給下一代;正當我覺得一切上軌道,卻開始有一些畢業生回來聯繫我,好多人說了同樣的話:

「坤平哥,我想休學、不想讀書了。」

「怎麼了？不是剛開學嗎？是有人欺負你，還是有什麼困難？」這是我能想到的全部理由。

「這跟我想的不一樣，不是我要的。」

有位學生英文特別弱，沒有興趣也沒有信心，但在輔導後，他指考的英文成績相當突出，後來也進入了某大學的外文系。誰知這竟是痛苦的開始！並非外文系不好，而是外文系充滿了文學讀本、小組討論、話劇演出……但他並非真的喜歡英文，要面對這些，很快耗盡了他的精力。

無論在高中職或大學，有許多人就像他一樣，因為單一科目的成績，就認定了自己的興趣所在，而選擇了校系；這似乎無可奈何，畢竟在當時，成績幾乎是一個人能探索自己的全部指標。

台大管中閔校長曾在演說中提到，超過 55% 大學生自認讀錯科系，而志趣不合是一大主因。但轉系或轉學的門檻（金錢、時間、成績），對多數人而言都太高，大多人都只能硬著頭皮走下去；直到工作時，才開始面對自己真正的熱情所在。雖然許多選擇的出路不錯，但若能更早認識自己與世界，能選擇一條更適合自己的路，學生會不會飛得更高更遠，也更快樂？

面對「如何解決這樣的狀況」，我們的討論很快就陷入了泥
淖；因為參與討論的人（包含我），從小以來的學習成就都
不差，讀的學校縱然未必是第一，也都還能接受。團隊中無
人真正感到「志趣不合」，也極少人想過休學（從台大休學
是個奢侈的想法）；這是件幸運的事，但對教育者而言，若
無法感同身受，如何做出「接地氣」的教學？

我需要一個改變

「我需要一個改變，現在就需要。」
「不如就找個，這輩子不會去做的工作吧！」

當時，這個想法跳進腦海中，如果可以，我想體驗在教室外、
沒看過的世界；若我能用更豐富的角度看世界，當我遇到跟
自己完全不同的孩子，我就更能理解他，有切入點幫助他。

懷著這樣的思路，我想過去當漁夫、去坪林種茶、去早餐店
……最後在士農工商的簡單分類中，我選擇了「工」；俗話
說「工字不出頭」（指做工難有發展），但當我打電話回家
報告這個決定時，爸媽卻沒有責備，只要我注意安全，以及
錢不夠用要說。我真的非常、非常感謝爸媽給我空間，讓我
去尋找自己的路，也學習為自己負責任。

其實我對「工」並非完全陌生。我是一位基督徒，在教會中的總務修繕部門服事，由一位綽號寶哥的師傅帶著什麼都不會的我，學習換燈、油漆、裝監視器……從怕被電死到能獨立作業。而真正在工地中的「職業體驗」就是上戰場了，從做粗工每天掃地、搬磚、清水溝，轉做油漆學徒，到現在當裝潢業的老闆，每年完成數十個工地，也供應了一些人的生活。

以前身上最多只有粉筆灰，現在天天是沙土、汗水交織；當然也沒少被罵：「台大畢業的為什麼做這個啦！」我分享我的教育夢，大家也似懂非懂。但跟這些身上有灰的師傅們相處，我卻常覺得他們比我更聰明：

一位進退料搬工，能挑著三包共 150 公斤的水泥上樓梯，知道怎樣省力，就這樣搬一整天；一位工地主任，能跟政府人員、廠商、台籍與外籍工班溝通無礙，協調能力超強；一位水電師傅，看著配電盤，馬上就知道要加多少電流、電線要換多粗才足夠；一位油漆師傅，對色彩極度敏銳，他噴的漆，質地比棉花糖更細緻……

心理學家霍華德、加德納（Howard Gardner）認為，智力是多元的，除了傳統的科目，肢體、人際等都是智力的表現方式；這恰好展現在師傅們身上，他們大多只是「不會讀書考

試」，而非「不聰明」。因為要完成工作，需要結合跨領域的知識、技術與態度（即 108 課綱所說的素養）；若在既有的「系統性知識學習」上，同時加入「解決實存問題」，是否能幫助更多不同的「聰明人」，找到學習與成長的切入點？

這個任務所牽涉的，不只是體制內外的老師，更需要政府、產業界通力合作。因此我們創辦了 WeTeach，不只自己嘗試引導學生，更不斷連結跨領域教育者與各界有志之士，一起在幫助學生探索生涯的道路上，往前奔走。

設計你自己的學涯

無論是生涯探索，或將跨領域議題融入學習，都將讓每一天的學習更有動力，而中學（國中與高中）就是開始的最好時機。108 課綱鼓勵學生及早探索，並建立「以終為始」的學涯；有了清楚的方向與規劃，學習歷程、自主學習、升學選系、讀書動機等各種問題，也都將迎刃而解。

帶著「讓所有學生找到方向」的願景，我製作了「Design Your High School」實體與線上課程，已經幫助數百位學生用系統性、低成本的方式，認識自己與世界，並做出實際的規劃與執行計畫。

而這本《用 IG 思維，做自己的學涯設計師》，把大家熟悉的 Instagram 與學習歷程連結，因為學習歷程的重點並非上傳一份作業或滿足他人期待，而是記錄成長，並創造更好的自己；正如在 IG 上，也許你擁有幾篇爆紅貼文，但最重要的，還是在於長期經營個人價值、實力與生涯發展。當把時間軸拉長，你會發現很多失敗經驗、頓悟時刻，甚至是生涯轉向的抉擇，都變得彌足珍貴；而這也是學習歷程的精神之一，並非得名拿獎才是成功，而是要持續成長。

書中許多「學涯設計單」都是開放式提問、沒有正確答案的，要在查資料後，做出你自己的判斷與取捨，而且一段時間後往往還會變動；正如後疫情世界的改變飛快，探索的成果每 2-3 年就需要更新，等於沒有標準答案。因此你一定會發現，比起直接給答案，內化的能力更能一生受用。

書中更有不同領域的青年行動家，來分享自己如何找到領域與熱情，並藉著設計自己的學涯，把握每個學習機會、讓自己站穩腳步。期望這本書，能幫助所有在學海中尋找方向的同學；也期待之後聽見更多人，分享自己 Design Your High School 的故事！

WeTeach 創辦人／生涯探索講師　陳坤平

前言

如何讀出這本書的
最大價值

記得小時候愛打電動，從《神奇寶貝》、《三國志》到《英雄聯盟》……什麼都玩；如果不想在新手村卡太久，除了請一個老手帶我，最實用的東西就是「攻略」。攻略會告訴你接下來將發生什麼事、你會需要什麼道具等；更厲害的攻略，會告訴你遊戲作者的想法和世界觀，讓你彷彿置身遊戲中，藉著不斷「破關」，與主角一起成長。

這本書將成為你的專屬攻略，幫助你面對學涯中的關卡，不只告訴你「如何過關、需要什麼道具」，更告訴你「為什麼要過關」。而當你翻開這本書，有幾個重點能幫助你，讀出這本書的最大價值。

來自世界知名課程的啟示

這本書的成書，要感謝史丹佛大學熱門的生涯規劃課

「Designing Your Life」，課程中把「設計思考」的概念應用於人生，幫助每個人找到「我這一生要做什麼」、破除迷思，並依據此來規劃自己的人生藍圖；而一個「經過設計的人生」，能讓人持續有創造力、有產出、持續進化，而且永遠都會有驚喜。

市面上有很多探索相關書籍，但當我看到精煉自這堂課的同名書《Designing Your Life》時，簡直如獲至寶！期待自己的未來，能依此規劃每一天，並持續對學習抱有熱情……這正是台灣學生需要的啊！但現場經驗告訴我，對繁忙的台灣學生而言，除了需要有空間思考，也需要更直接的工具，讓學生有自主的能力，把每天的學習與未來連在一起。畢竟，如果到就業前才做生涯規劃，又或都是「被規劃」而沒有自主的空間，真的太可惜了。

因此，我決定融入 108 課綱的精神與制度，也融入「學涯設計單」，讓這本書的一部分以工具書的形式來表現。我知道很多人是愛書人，喜歡自己的書保持「新新的」，連摺到都心痛，更不用說在上面寫什麼筆記；但這本書的最大價值，其實是「寫」出來的。藉著寫，不只可以促進理解，更能幫助你記下真正有價值的東西。而每個寫下來的內容，也都能轉化成你獨一無二的學習歷程檔案。

所以，拿出你最喜歡的筆吧！喜歡的句子可以標記下來，「學涯設計單」跟旁邊的空白，無論是文字或圖畫，用你喜歡、可理解的方式完成吧！若做到後來，都寫下去了，卻發現前面需要修改，也沒關係。在《Designing Your Life》中有句話說：「在人生設計中獲得快樂的祕訣，並非做出正確選擇，而是學習如何選得好。」畢竟，所有曾寫下的，都是當時最好的自己，而每次的調整，也都是學習變更好的過程。

有了精采的生活跟思想，學習歷程怎麼會空虛呢？

你可以這麼做

在本書開始之前，提供三個小祕訣，讓大家可以「一讀入魂」：
- 請不斷想像未來的自己。
- 可以一次或分次讀完，選擇最適合自己的方式。
- 找朋友一起讀吧！

有句英文諺語說 "To see is to believe."（眼見為憑），但我更喜歡說 "To believe is to see."（人相信什麼，最後就會看見什麼）。在每個章節，都帶著對未來的想像不斷前進，會發現許多可能性。

而無論是誰，在前進的過程中都可能會卡住，原因有很多；但支持我們繼續下去的，往往不是當下的成功或失敗，而是前方想達成的願景。因此，你可以照順序往前走，也可以先把全書讀完一次，有整體概觀後，再回來寫「學涯設計單」；只要能完成的方式，都是好方式。

最後，「一個人能走得快，一群人能走得遠」，在設計學涯的歷程中，邀請你的好朋友們一起，一定能增加更多樂趣，也會讓你充滿能量的。

就讓我們一起開始 Design Your High School 的旅程吧！

CH **1**

你有多久沒說
「我以後想做……」

——生涯規劃，從學涯規劃開始

這一章，我想告訴你的是

有非常多學生，在面對未來選擇時，因為來不及探索、缺乏足夠資訊而感到徬徨。雖然很多人認為，108課綱是在找麻煩，但深入了解，會發現它促使學生更早思考生涯問題，並以學習歷程檔案為實際工具，幫助學生做自己學習的主人。

為什麼長大後，
你答不出以後想做什麼了？

在帶學生進行生涯設計的活動中，除了看見他們突破自我，我最享受的就是跟學生聊天的時候了；話題從他們喜歡的藝人、YouTuber、NBA球星，到常用的社群、社團……聊天的內容常讓我心中吶喊：「居然……」

他們認識的周杰倫，跟我心中的，居然差這麼多啊？
科比（Kobe）跟艾佛森（Iverson）居然已經是「上古神獸」，現在大家都喜歡柯瑞（Curry），喜歡投三分球。
PTT 早已退流行，FB 居然被稱為「爸媽在用的」，只是用來做作業，生活則是在 IG 或抖音上。
聊到喜歡的韓團，大家就不只是說了，居然連舞都能跳上幾支！

在談這些話題時，他們有種百花齊放的活力；但是談到關於生涯發展的議題，例如「以後想做什麼？」的時候，年級越高的學生，氣氛曲線越常會停滯，最多見的答案則是「不知道」。

「不知道」？這個問題，如果問小一、小二的學生，手可能已經舉爆了，「對未來的想像」也一直都是熱門的作文題目。但這小朋友最會答的問題，每天從網路接收無數資訊、同時努力「邁向未來」的學生，長大後卻答不出來？

後來才發現，其實有些人心裡有答案，只是沒信心講出來。因為在現在與未來之間，隔著「升學」，在衡量成績後發現，達成夢想的可能性太低了；又或想做的事，離那些所謂「好出路」相距甚遠，所以，「不知道」其實是「不敢想」。還有些人，因為不斷忙於眼前的課業、補習、活動等，很少思考太久後的未來；那些事，就等到要選擇的時候再說吧！

但是，若對未來沒有想像，每天我們又是朝著何方前進、在努力完成什麼呢？

你要去逛台大杜鵑花節嗎？

記得我讀中一中時，在高三初春的一個上課日，時值台大杜鵑花節的前兩天，當時班上討論最熱烈的問題是：「欸，週末你要去杜鵑花節嗎？」

台大杜鵑花節，得名於校園內盛開的杜鵑花，同時是一年一度的科系社團博覽會。許多來自全台各地、對大學懷有憧憬的學生，齊集於台大校園中，聽聽夢想中科系的介紹，看看多元的社團文化，在腦海中試著描繪未來的生活。這憧憬有一部分，可能來自於補習班老師所說：「啊！椰林大道的風，涼啊！」但我們也都是後來才知道，杜鵑花節塞滿了人，根本吹不到風……

針對「要不要去杜鵑花節」這個問題，當時班上分成兩派。有群功課好的同學，早已揪好團，把要看什麼科系都規劃好了，這樣的積極很吸引人；但我在班上的好朋友卻說不去，「還是乖乖讀書比較實際吧，我不喜歡眼高手低。」在考試占100％的年代，這理由顯然也相當充分。

後來，這兩派中都有人上了台大（包括我），若只看學校，「是否花時間探索」好像並無區別；但如果能回到當時，我一定會選擇去一趟，而且還要預備一大堆問題去問，把握機會做學涯探索，為什麼呢？

我記得放榜那天，家裡有一波小革命，因為我考上了台大政治系，「聽起來」就像是畢業後要去搞政治……當然事實上並非如此，政治系畢業後，大多數人還是進入了各公、私領

域，貢獻自己的才能於社會，真正投身政界者不多。早知如此，我家裡就可省去一場革命。

來不及探索只能靠想像選系

但不可否認的是，真的有非常多人，在面對未來的選擇時，因為來不及探索、缺乏足夠資訊而感到徬徨，最後只能「看名字、靠想像選系」；這樣的操作顯然產生了負面效果，並體現在數據面上。台大校長管中閔在2021年的三三會（中華民國三三企業交流會）演講中指出，有55％大一生自認為選錯科系，而就我個人的觀察，還有一部分人只是「還沒發現自己選錯科系」；而2019年有超過18萬名大學生休、退學，主因是「志趣不合」。

當然大多數人因為分數的關係，其實是「被選系」，未必能上自己理想中的科系；但整個修正的過程，還不只如此。

根據「yes123求職網」於2020年7月做的統計，有高達68.2％（約等於623萬）的上班族，自認為「學非所用」，即工作所用，與在校時所學的有落差。這代表什麼？當大學畢業、享有更多自由後，能選擇自己想去的領域時，居然有如此多人選擇轉換跑道；這意味著多數人的生涯探索，其實是藉著選

組、科系與工作來完成的,經過數次嘗試與變動,才漸漸知道自己要什麼。

人生是連續的,升學與就業也應該連在一起;若把上述這兩段數據放在一起看,會讓我們開始思考,到底何謂「選對科系」?又為何會有如此大的迷惘與差距?

\# 你以後想做什麼
\# 你要選系還是被選系

「先考上學校，其他以後再說」，這樣對嗎？

大多數人可能沒蓋過房子，但用建築來比喻生涯，真的超級貼切。

丹麥知名建築師比亞克・英格爾斯（Bjarke Ingels）曾說：「建築學是藝術和科學的結晶，它能夠確保城市、建築物，與我們想要的生活方式相適應：它是一個將理想社會呈現於真實世界的過程。」（2014, ArchDaily interview）

從比亞克的分享中，我們看見建築包含許多面向；它結合各領域的知識（藝術與科學），它是互動性的（城市、建物與人們），它也需要特定的技術（建築主體的實際施工），更帶著對理想未來的期待。

一棟好建築可以有無數種型態，它不只為工班提供收入、承載屋主的夢想，同時也成為了都市景觀的一部分；而不好的建築，不只衝擊環境，更可能會造成生命財產的損失。建築的從無到有，需要從土地與財務評估、建築設計（包含釐清

需求、討論、規劃與畫圖）、建照申請、營建施工（包含克服過程中的各種困難）到完工交屋，後續視居住狀況，還會有改裝與定期修繕。

是不是很像「生涯」？而生涯又比建築更精采，因為它是動態的，每個時刻都能有新的可能性。好的生涯，能有無數種型態；不只能完成自己的夢想、支持許多人的生活，更與這世界有互動，需要不斷突破難關，又隨時會有新的驚喜。

學涯、職涯、生涯是一段連續的歷程

對多數人而言，從幼兒園到大學畢業，約有19年在讀書；而從畢業後第一份工作到退休，大約是44年。換句話說，我們一生中大多數時間，其實是花在工作，而學校是幫助我們預備自己有「能力上的第一桶金」，面對將來一切的可能性。因此，在探索過程中，我們勢必會觸及三個面向：生涯、職涯與學涯。**從生涯找到目的，用職涯達成目的，在學涯中讓自己具備能力。**

要達成目的，有許多條路可走，但哪條最適合、又該如何走，卻是每人不同。換言之，看清楚路之前，得先看清楚自己；畢竟路沒有好不好，只有適不適合，認識自己，會讓我

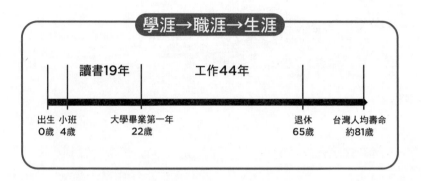

們少走許多冤枉路。

正如好建築有其必需的流程，好的生涯也是；而108課綱的目的，就是要把你培養成一位生涯設計師，有能力探索評估、找到自己的使命及與世界的關係，也能設計規劃生涯，藉著學習建造自我，並在成長中不斷調整，來適應世界的快速改變。而「學習歷程」便是當中的關鍵之一。

#生涯就像蓋房子
#每個人都是自己的生涯設計師

15到22歲的選擇難題，
你也「中招」了嗎？

台灣的孩子在成長過程中，普遍面臨「缺乏探索、感到迷惘」的困境，透過與老師、學生的訪談，可歸納出三大原因。

1、探索機會相對少

對大多數台灣學生而言，「時間少」是最大的挑戰之一，除了世界名列前茅的上課時間，課後還有許多補習；曾遇過一位學生補全科班，在學期間，一週只有週日下午和晚上沒課，非常勞累。如此繁忙的時間表下，只有寒暑假比較有完整的時間進行探索。

然而，有時間就會進行探索了嗎？**沒有人會否定生涯探索的重要，也大多同意找到生涯的方向，可能比任何學科成績重要；但這樣的重要性，卻未在課表上體現出來。**在現行課表中，主要的探索時間是輔導課，一週至多兩節課；也因為不考（無法可考），當學科考試壓力到來，輔導課常常先被犧牲。即使輔導課教導了許多好的觀念與工具，若因為時間不足或專注度低，導致吸收不良，又如何能用於探索中呢？

探索機會少的另一個原因，則是資源不易取得。雖然大家都知道「網路上資源很多」，但有經過妥善整合的卻很少；市面上的探索體驗營，雖較有系統，但動輒數千甚至上萬元，且主要集中於北部，對多數學生而言不易取得。

2、短時間內得密集面對選擇

根據《親子天下》2019年所做的「適性學習、生涯探索滿意度網路調查」，在784份有效問卷中，24％台大學生表示根本沒時間思考生涯探索的問題。若檢視學生的發展歷程，會發現從國小到國中，學習的重點都在各類科目與才藝；而從國中畢業開始，學生就要在短短數年內，在探索不多的狀態下，面臨一連串的選擇。

國三升高一，要在高中、高職、五專中三選一。高一升高二，要在自然組、社會組中二選一；108課綱後有四大班群，高二升高三還有機會改變。高三升大一，要在大學、科大中二選一；其中大學有18學群，共126學類，同時設置不分系；技職體系有20群類，約119個科。另有許多人選擇就讀軍警校等特殊學校，或直接出國發展。

而進大學後，也有許多選擇要做，除了每學期選課，還有雙主修、輔系、轉系、學程、社團等選擇，主要會在前兩年做

出決定。大學畢業後，就要面對職場，選擇工作；我曾在一場演講中聽過，根據統計，全台灣大約有2萬多種工作。

因此，對大多數人而言，15到22歲這幾年，是人生中最密集、需要不斷做出選擇的一段時間。如此密集又大量的選擇，再加上課業壓力，學生是否有足夠的時間，了解每個選項？我想是非常困難的。

3、引導者嚴重不足

這一點，可能是影響最大，卻也是最有可能改變的。在台灣的學校中，充滿了專業又敬業的教育者，特別在學科上，老師們教出了許多優秀的學生；然而，在生涯探索的領域中，現有師資無論在數量或能量上，都嚴重不足。

首先，現在學校中主要的生涯探索師資，就是輔導室的老師們；但根據《高級中等學校組織設置及員額編制標準》第七條之一的規定，每12個班只能分到一位輔導老師，來幫助學生們解決所遇到的困難。

但現實是，輔導老師們非常忙碌，除了常態的行政工作、備課，也需要投注大量心力在學生心理健康、群體相處等重要議題上。然而，**生涯探索是高度個人化的需求，每個學生的**

路都是獨特的，很難找到「通解」；就算是制式的性向測驗，若要有好的後續發展，也需要幾乎是一對一的協談引導。這樣的需求，加上這樣的人力配置，實在是有點超現實。

更核心的議題是，要在未知生涯中前進，完善的方法論與工具很重要，一位走在前頭的先行者，能幫助你更貼近真實。但台灣大多數的老師，即使非常認真，也都只做過一種職業——老師；因此當學生帶著生涯發展的問題到輔導室，許多時候也只能得到「去看iOH」這類答案。這也無可厚非，畢竟科系與職業多不勝數，有誰能全部都了解呢？

有句話說：「解決問題的第一步，就是意識到問題。」以上的困難都是真實存在的，制度性的問題需要社會各界合作解決，但我深信無論如何，每位學生都值得擁有一段充滿想像與動力、自主成長、導向未來的學涯；因此本書提供思路、資源與工具，幫助學生做出更適合的選擇。我們也相信，每位學生都能在其中找到更寬廣的出路！

 # 生涯探索比任何學科還重要

新課綱
在「麻煩」什麼？

2020年，WeTeach為大學服務性社團，以及一些教育產業的工作者，提供了108課綱的說明會，讓舊課綱的學長姐們，能更了解新課綱的學生，以提供更精準的幫助。雖然花了些時間了解新政策，素養考題讓台大學長姐也頭痛，表示「如果再考一次，我可能上不了台大」；但卻有超過九成的參與者都說：「新課綱的學生很幸福，我當時有這些就好了！」

這跟很多人的感受，似乎有落差。這些人是傳統考試的佼佼者、是體制的既得利益者，為何反而會覺得新課綱──自己相對沒把握的方式，會比過去更好？

對很多人而言，108課綱的新規定近乎「找麻煩」。無論是學習歷程、反思心得、自主學習等，幾乎都沒有標準答案，甚至沒有全國通用的評分機制，許多人因此反對108課綱，並且支持恢復聯考；因為聯考的標準真的很單純，預備考試、然後依考試成績選系的邏輯，非常明確，單從帳面上來看，聯考最好理解，也最「公平」。

是的，關於考評的事，標準很重要。但是若說 108 課綱所談的核心，不只是分數，而是關於一個「人」，我想就能開始正確理解新課綱了；**因為一個人的發展，除了少數可量化的部分，更多都是沒有標準答案，也沒人會為你評分的開放式申論題。**

國外中學生也做學習歷程檔案

而且你知道嗎？這件事不只有你做，國外中學生也做，而且進行已久！許多世界的百大名校，如哈佛、史丹佛、耶魯、牛津、南韓首爾大學、新加坡國立大學也都採用學習歷程檔案，作為入學甄選的項目之一。但在台灣，這個政策剛開始，所以可參考的前人並不多。

人生並不存在「錯過會死」的選擇，因為沒人能活兩遍，無法做個比較再決定要怎麼走；生命的申論題，只有不斷探索這廣大世界，發現自己的命定，也發現原來路有無限條，然後選擇一條、向著標竿直跑。也許我們都曾為錯過某件事而遺憾，但請相信，現在的生命仍能耀眼，甚至超過我們本來的期待。

所以，有多「麻煩」並不是重點，最麻煩的就是繞了遠路，

錯過的時間也回不來；關鍵在能否找到、並走上那條專屬於自己的路。但如果沒有規劃就出發，看前面的人去哪裡、就往哪裡去，盲目「跟車」的話，最後只會「塞車」或「撞車」。因此，學涯、職涯也就需要規劃，如果只是照著別人說好的去選擇、前行，最後會讓自己感到滿足嗎？

比起過去，**108課綱促使學生更早思考生涯問題，並以學習歷程檔案為實際工具，幫助學生做自己學習的主人**；雖然很多人認為，學習歷程是在找麻煩，但深入了解，會發現它帶給學生許多新的機會。

 #人生不是選擇題
#人生是申論題

檔案可能會遺失，
但歷程不會

在本書的撰寫過程中，剛好發生了「學習歷程檔案遺失事件」，影響了81校、共7,854名學生，計25,210份檔案受影響，學生需要把檔案重新上傳至系統。此事不只影響到學生與老師，更讓學習歷程檔案廣泛進入了全國人民的視線中。這個事件為大家上了一課，包含一定要建立備份習慣，但我想更重要的一課是：「檔案可能會遺失，但歷程永遠不會。」就像一張照片，檔案可能會被刪除，但拍照當下的回憶，卻是真實存在、無法抹滅的。

過去大眾可能聽過學習歷程，但僅止於此；大多數高中生也只知道學習歷程要放哪些內容、要在規定的時間交，且升學時列入成績計算，而對其意義跟功能，則是所知不多。（注意：接下來會進入一段制度介紹）

根據教育部「108課綱資訊網」的資料，學習歷程檔案包含基本資料、修課紀錄、課程學習成果與多元表現，從高一開始，由學生定期上傳後，依規定數量每年提交給中央資料

庫；在提交申請給大學端時，依照你的目標科系勾選一定數量，作為備審資料使用。在個人申請時，許多校系除了學習歷程檔案，同時需繳交「學習歷程自述」，內容包含自傳與讀書計畫。（詳細資料可在聯招會的系統，或各校系網站公布的招生資料中查到）

學習歷程可以看作是「學生高中三年的履歷」，有以下四個目的：

1、提升備審資料的品質

由政府規定上傳的項目，更整全、有規格；每學期記錄，記憶更清晰，也有更充足的時間優化。使用同樣的系統，也可降低一部分資源差距的影響。

2、呈現考試以外的學習成果

一堂課能帶給學生多元的成果，包含知識、技術、態度；甚至在不同課程進行方式中，還有小組合作、團隊帶領、論述能力……都是考試考不出來的。

3、展現個人特色與學習軌跡

108課綱中有許多跨領域課程、多元活動、自主學習等，生活中也有社團、運動、學習等可能性；當做出不同選擇，就像

選了不同的故事線，能塑造與凸顯個人特色。而學習軌跡更能體現學生對自己的發展，是否主動、有想法？

4、協助學生生涯探索和定向參考

在做每件事時，都有許多面向能探討；透過記錄過程中好的反思，即使只做一件事，也能夠看見自己多元的喜好與可能性。

根據許多教授的分享，大學在審查學習歷程檔案時，通常關注學生的三個面向：

1、是否有學習動機？
2、是否了解所申請的校系？
3、是否思考過畢業後的生涯發展方向？

這裡就是多數人最在意的點：如果大學的審查教授要看的，不只是高中生涯最後的一份結果報告，而是這三年走過的每一步路，那麼所謂好的歷程檔案，包含所選的課、參加的活動等，最好要能呈現出高學習動機、真的了解自己所申請的科系，也認真思考過這個科系畢業的出路。但問題就出在，許多人往往沒想過為何要讀書、也不確定自己想讀什麼科系、更不知道自己要做什麼工作。

此外，根據教育部規定，學習歷程依校系不同，至少占個人申請總成績的 10-20％以上；**由於會申請相同校系的學生，考試成績都差不多，學習歷程自然就成為了關鍵之一。**

相關的規定還有許多，教育部網站跟學校都會講得更清楚，本書也從未想寫成升學指南；但讀完後，你一定能做出非常精采、連自己都喜歡的學習歷程。畢竟學習歷程就是學習生涯的紀錄，如果學涯很精采，歷程怎麼可能無聊？而這一切就從改變眼光開始。

學習歷程就是高中三年的履歷
有精采的學涯就能做出精采的
　　學習歷程

把學習歷程當IG經營，
就不覺得是找麻煩了

現在的中學生幾乎人人都用Instagram（IG），有的人除了大帳，還有小帳跟小小帳；我要邀請你，可以開始把學習歷程檔案，想像成你「官方版的IG帳號」來經營。你會發現，你的IG首頁各區塊，與學習歷程的內容項目，居然驚人的相似！

在IG的個人首頁中有三大區塊：個人檔案、精選動態與貼文區。

「個人檔案」：像是學習歷程中的個人資料，「簡介」就是「你想讓別人如何認識你」，也是自傳與個人最大的亮點；「追蹤中」則代表你關注哪些議題、事件或人物。

「精選動態」：像是學習歷程中的修課紀錄，或任何你持續花時間經營、值得記錄的活動與生活重心。

「貼文區」：代表那些無論課內或課外、讓你自豪的學習成果或多元表現。

當你把學習歷程當成IG帳號來看待，而不只是交作業，你一

定會發現自己開始轉變。

情境 A：

過去你可能沒什麼自信，但當你（半被迫地）開始探索自我，
或試著從別人眼中發現自己的亮點，會發現自己原來如此溫
暖、又這麼會關懷人；你不只開始有自信，甚至開始思考，如
何在這個憂鬱症充斥的社會去療癒更多人？你開始有使命感，
對選系也隱約有了一些方向。

情境 B：

你開始在所做過的每件事中，思考哪些部分才是最有價值的？
在一篇班際籃球賽回顧文的照片中，也許有某一張是第一名的
獎狀，但第一張會是你跟隊員們的合照；因為你很清楚，是因
為有這群人一起學習成長、扮演好各自的角色，才有如今的成
果。而當想到比起瘋狂得分，你更喜歡喊戰術、用助攻串連隊
友，就能想像自己未來的職位，可能會是公司中的軍師，只差
在專業知識了。透過反思，你能汲取出考試、分數以外的能力。

情境 C：

當你看著環保議題中汽車碳排放的主題，旁邊跳出來的特斯拉
（Tesla）Cybertruck 廣告深深吸引了你，即使電動車怎麼聽都
是自然組的範疇，但社會組的你還有機會嗎？你除了在限時動

態上放了 Cybertruck 的照片，更開始自主學習，發現原來 2030 年每 3 輛車，就將有 1 輛是電動車；而在這個產業中，除了製造，還有設計、行銷……這些都能成為未來工作的方向。過去不喜歡英文的你，現在因為想看更多國外的資料，必須好好面對；當有了學習動機，英文也真的開始越來越強。

以上都是實際發生在不同學生身上的案例，也都沒花到什麼錢，都是貼近一般學生的生活經驗，這代表他們可以、你也可以。**學習歷程不是填充、而是擴充導向，促使你更細緻地認識自己與世界、更寬廣地想像未來，再更有目標地規劃每一天的課內外行程。**

相信許多人看完本章，會對 108 課綱有一些新的認識，也會更有信心；當我們把眼光再放寬一些，就會看見自己並非孤獨的，學習歷程不只有台灣做，國外有許多成功經驗可參考。但最關鍵的思維在於，**我的生命並非為了成就學業或某個職業；相反的，是要讓學業與職業成為幫手，來成就我的人生。**

而此事的重要性，並不比考試更低。不要到高三下考完試，或先上大學再開始想未來；即便還是學生，但當我們開始思

考未來，並做出實際行動，就是為自己負責任的開始！而要
怎麼做呢？下一章，我們一起開始設計「正中靶心」的學習
歷程！

Interview

專訪天聲文創共同創辦人雷應璇

加拿大的「學習歷程檔案」！在生涯探索中找到自己的目的與身分

在台灣，從學習歷程檔案上路以來不時有不同聲音，事實上許多國外知名大學早已採用學習歷程檔案作為入學甄選項目之一。國際化影音工作室「天聲文創」共同創辦人雷應璇，在加拿大長大、求學，自小就在音樂領域自修或進修，大學主修英文文學，後來進入媒體領域創業，從事聲音、語言、影像方面的原創製作。在以下對談中，應璇和我們分享了加拿大類似學習歷程檔案的制度，以及她自己在高中階段探索自我、探索職涯的經驗。

坤平：對妳而言，何謂「生涯探索」？

應璇：我認為生涯探索不只是在畢業後找份工作，而是要找到人生目的（Purpose）與身分（Identity）。

人生目的就是「你把生命投注在什麼上面？」不只是工作，也是你想參與解決哪些問題。不一定要是很大的事；例如你會使用一種罕見語言，你就可以去當這語言的翻譯，使其得以留存。身分就是「你是誰？」包括你的興趣、熱情或才能；不只是你上過哪些課，而是需要探索，越探索就越認識自己是誰，甚至認識到自己沒想過的一面。這些也都需要時間去醞釀。對我來說，需要把這兩點綜合在一起，才會知道畢業後想做什麼工作。因此，職涯探索並不是直接針對工作的。

我在高中的職涯探索課，也認識了很多從未接觸過的領域。雖然我當時理科成績不錯，但就是沒有興趣跟熱情。基因學的老師曾建議我以此為職業，我到現在都還對此有興趣；甚至當我去看醫生，還會被問是否是住院醫生，但我不曾想過以此為生。在探索的過程中，你會認識沒想過的自己。

坤平：據說在加拿大，有一個很像學習歷程檔案的制度，請跟我們分享一下。

Interview ⊟

應璇：加拿大的教育是依省份進行，而我所在
B.C.省的學生，中學畢業時需要做畢業檔案
（Graduation Portfolio）；我就是實驗性的第
一屆學生，剛好跟現在台灣一樣。在Grade 10
（約15、16歲），每個人都必修「職涯與個人規
劃課」（Career and Personal Planning, CAPP
course）；而在Grade 10-12的三年內，每個人都
要為自己預備這份檔案，供畢業前面試用，CAPP
course就在教你怎麼做這份檔案。

實際上就是找資料、發想、練習撰寫履歷與推薦
信、規劃個人財務與健康等，或針對可能想做的
工作擬出規劃。畢業檔案就是一份以畢業後工作
為導向的具體計畫書。在面試時，我們要在老師
以及專業人士前，簡報自己的畢業檔案；評分只有
通過與否，只要你有做，基本上就會通過。

這項政策所傳遞的價值是，未必要十項全能或來
自某間大學才算是人才；而是「你」是否清楚未來
的方向？也清楚「如何為自己的決定負責？」政府
在確保經過12年義務教育後，這群18歲的人不再

像小孩子，而是一個成年人。

當時，無法人人都確定自己畢業後要做什麼，但卻可以在經濟、人際關係各方面學習負責任。例如有人想當模特兒，就在檔案中放了自己拍的雜誌照片，並針對要去國外進修與工作，做出了整全的規劃。在過程中，你會更認識自己，甚至可能改變方向。

坤平：很認同！當我們開始思考更實際的事，就會打破幻想，會讓我們動機更高、預備更準確，連想換方向的人，也能及早準備。我相信當時的探索，影響了妳現在的職業選擇，請跟我們分享妳的經驗。

應璇：在CAPP course後，老師幫助我們根據大學的導向，去選擇法律、戲劇等不同領域的選修課程。我當時主要在文科，但對法律有興趣，也覺得可能是以後的職業，就選修了法律。後來我們去到B.C.省的法庭，參與了真實的審判，這卻粉碎了我的想像，因為法庭現場遠不如電視上看到的

Interview 一三

戲劇化，審判時間長又充滿固定流程，所需的能力也非我所認為；當時我想：如果我成為律師，這就是我的日常生活了。

法律課堂上，我們針對死刑存廢、無罪推定等主題進行辯論，我也在期末模擬法庭上被選為法官；但其實學期到一半時，我已經覺得自己不喜歡法律了，即使能力足夠，但我的心理與人格特質並不適合。因為我非常多愁善感，而法律課的討論議題都太沉重，我不只無法做出決定，而且會感到非常悲傷。若我真的當律師，我可能會越來越憂鬱。

這讓我發現，探索要去挖掘，不只是「你是否能做這件事？」還有「你是否有心做這件事？」**職涯不只是關於才能，還有心性與承受度。**我現在也算是工程師（聲音工程），有時真的非常枯燥！我曾連續好幾天面對擴大機，甚至開始跟線材說話，有些人就真的不適合。

往後我在做任何決定的時候，都會考量這件事對

我身心健康與生活的影響，直到現在創業，仍是如此。

坤平：從職業切入真的很重要。很多人一開始就鎖定科系，但當發現自己不適合的時候，已經投入了很多時間、精力，這些「沉沒成本」讓他們難以轉換跑道。

現在很多大學開始有「大一大二不分系」，學生不會太早分流、窄化；在108課綱中，也有許多跨領域、多元學習、文理融合的課程，這更貼近業界實況！就像我做工程，也需要把東西做得美。但若有些學生做了很多體驗、表現也都不錯，仍然不知道要選什麼，他們可以怎麼辦？

應璇：我當時也是這樣，許多科目都有潛力發展成職涯。但可以從三個層面來看，首先是熱情，你的夢想是什麼？有什麼是你未必擅長，卻還是想多花時間的？其次是你前三名的才能為何？最後就是去找資料或問人，讓想像貼近現實。這樣綜合起來，你至少能找到前三名適合自己的工作。

Interview 💬

坤平：妳所分享的，跟本書中許多觀念不謀而合！最後，想請妳給在讀這本書的同學們一些鼓勵。

應璇：我的鼓勵就是，不要太害怕改變，甚至是180度的改變；因為無論如何，改變就是會發生，例如Covid-19的衝擊。不需過度焦慮，**因為你現在所做的一切，無論看起來是否有關，都會成為將來的養分。**當你放手讓改變發生，反而會更加自由，也會開始感到享受和喜悅；如果在探索中你感到很痛苦、一直害怕改變、怕浪費時間，那就會找不到方向。

CH 2
「我的人生我決定！」
但你得先認識自己

—— 從天賦、現狀、價值觀找自己

這一章，我想告訴你的是

「認識自我」是這一章的重點，可能你是
第一次思考這些問題，又或在思考過程
中，心中的答案從模糊轉為清晰；無論
你是哪一種，都非常恭喜你！希望在以下
的檢視中，讓你開始喜歡自己，也有信心
與動力，面向更大的世界。

做過性向測驗，
還是「選錯系」？

對許多人來說，第一個系統化的生涯探索，應該是在學校所做的「何倫碼測驗」（Holland Code），或稱六型人格測驗，是由John Holland博士於1985年提出，連結「興趣」、「性格」與「職業」的職業分類測驗。通常是在寫完一份題本後，在RAISEC六碼中，得到二至三碼屬於個人的結果，IES、RAC……照著解釋看完，也覺得真的滿準的！有的網站還會根據結果，推薦你一些科系或是工作。但我們必須思考，應該如何看待測驗結果，以及依此推薦的發展選擇？

任何一份廣泛應用的測驗，都有一定的信效度，其結果可供參考，但你應該看過這類題目：「水電維修技工—很喜歡／略喜歡／不喜歡」，又或是：「請勾選您喜歡的項目—演奏樂器」；單憑直覺回答，可以很快就選出答案，然而核心問題在於，我們的直覺是否貼近現實？

就水電維修而言，且不論有多少學生真正動手維修過水電，就算是成人，真正動手做過的也不多。在工地親自接觸許多

水電工作後，我可以很確定地說，大多數場景都是夾雜灰塵
與髒水的；DIY修一個水龍頭，跟以此為生、換上百個水龍
頭，完全是兩件事，廣告上乾淨整齊的維修人員，大多只是
開工前的樣子。

性向測驗容易簡化了生涯發展

在現場施做測驗時，學生常反映：「不知道這職業在做什
麼？」除此之外，測驗結果的應用也存在問題。許多人或網
站會直接把性向測驗的結果，連結於某個產業或系所，例如
企業型的人就去讀企管系、實際型的人去讀機械系、藝術型
的人去讀藝術相關科系……壞消息是，這樣的推論過度簡化
了生涯發展的可能性，也相當危險。

比起產業或科系，特質跟「職能」更有關係。如果你是一個
企業型的人，代表你適合做管理者，那麼，無論你是在汽
車、藝術或是營造業，只要補足不同領域的專業，都能做好
一個管理者。而在企業中，高階主管也的確會在不同產業中
流動，例如 NBA 達拉斯獨行俠隊的老闆馬克・庫班（Mark
Cuban）同時也是網路公司的老闆。

如果你是研究型的人，能在不同領域發揮專長，未必要進研

究室；可口可樂的開發者艾薩・坎德勒（Asa Candler）原先
是藥店的學徒，後來開發出了全世界最受歡迎的飲料。退一
萬步說，若要追求未來的發展，有哪裡不需要管理能力，又
有哪裡不需要豐富的思考呢？

性向測驗是要讓你看到更多可能性，而非限制你的選擇。現
實與想像間存在落差，當然是可理解的；但如果連題目的定
義都不清楚，即使選出了答案，結果又真的有效嗎？後疫情
時代的世界樣貌，與測驗最初建構時已然不同，且必然越來
越不同，我們又能如何調適？

我們習慣從別人眼中認識自己

但別誤會，從職業切入，是非常正確的。

職業的英文是Vocation，源於拉丁文的Vocatio，有呼召Calling
之意；呼召就像一種呼喚，讓我們離開現在的位置和狀態，
一步步去到未知的某處，過程中我會克服一些挑戰，更會成
為一些人的祝福，並在最後感到喜悅。職業的本意，並非
只是一份工作，而是我這一生，要把自己的能力、智慧、熱
情、時間用在誰身上、解決什麼問題？最後又要去到哪裡？

我曾經問過學生這個問題：「如果你可以自由認識一個人／事／物，你最想認識哪一個？」選項有五個：「A世界、B 工作、C 學校、D 偶像、E 自己」，結果最多人選「偶像」，最少人選「自己」。

在這個社群媒體時代，我們幾乎是活在 FB、IG、TikTok、YouTube、LINE，甚至 Tinder、小紅書等社群中，常透過別人的眼睛，甚至是與別人比較來認識自己，有時連自我認同與情緒也被「讚數」掌控。但其實，有一天這些人都會消失，只有一直忠實陪伴、共同承擔一切的「自己」，才是我們最忠實的戰友。也因此，**「認識自己」成為了生涯探索中，最有趣、也最優先的課題。**

該怎麼做？你可以從以下三件事開始：天賦、現狀、價值。這三件事都很重要，天賦是你的起跑點，現狀是過去生命的累積，而價值關乎選擇，會把你導向未來。

\# 誰說企業型的人一定要念企管系
\# 藝術型的人也未必要讀藝術系

缺少學習動力？
試試畫個「黃金圈」

我聽過一個詞叫「草莓族」，常被用來描述1980-1990年代出生的人（例如我），說這些人抗壓性低、說話還帶點酸；我聽到的反應是，你才草莓族，你全家都草莓族！

而在描述現在的學生時，許多人會下這類標籤：「＃躺平族」、「＃無動力世代」。不知道有多少人聽過這個描述，但如果是我自己被這樣說，大概會滿不爽的，因為我明明就很有動力啊！只是那些「你認為我應該有動力」的事情，真的都很無聊。**對很多人來說，「去上學」大概是最沒動力的事情之一，原因當然有很多，但我認為很大一部分，在於「無法想像自己的未來」。**

參加嘻哈研究社，你能想像自己有天站在舞台上，說唱出自己的想法。

練習打籃球，你可能會想像自己是柯瑞（Curry），要投倒數1.5秒的致勝球。

你研究一個主題，會想像世界上有多少人的生活，因你的研

究結果而獲得極大的改善。

當你專注投入一件事，往往不輕鬆，還會遇到許多困難，你的表現也未必比他人更好；但因為對未來有想像，不用別人強迫，你就會採取許多成長行動，去找資源、克服挑戰。最珍貴的是，無論最後成果如何，你都感到不枉此行。

多少人帶著積極想像在學習？

去學校上課、考試、下課再去補習班⋯⋯這樣的行程，大家都知道其必要性；雖然許多人提倡「以終為始」，但有多少人，是帶著對未來的積極想像在做這些事？又或說這樣的行程，最後會讓我們成為怎樣的人、過著怎樣的生活？答案其實相當模糊。那要求學生的上課態度、自主成長⋯⋯當然會很困難。另一方面，課還是得選、學習歷程還是得交，也當然要放一些看起來厲害的東西；為此，就算各種競賽、課程、營隊的價格昂貴，也只能報名報起來。

許多教授都說過，學習歷程檔案不是塞越滿越高分；所有活動都有其效果，但學生的時間、家長的金錢也都有限，「如何安排」就是最關鍵的問題。本書的目標，在幫助你藉著以終為始的安排，建立一段充滿想像與動力、自主成長、導向

未來的高中學涯，且根據上述前提所產出的學習歷程，也要能在升學時，吸引所有人的目光。怎麼做？你需要運用「黃金圈法則」（The Golden Circle）！

認識黃金圈法則

「黃金圈」的概念出自於作家西蒙·斯涅克（Simon Sinek）於2009年的TEDx演講，主題為「偉大的領袖如何鼓勵行為？」我一看到就覺得，這真的太適合學生了！

在演講中，西蒙·斯涅克談及諸如蘋果電腦、馬丁路德金恩博士（黑人民權運動領袖）等偉大的機構或領袖，他們思考、行動與溝通的模式，如何與眾人不同？而這簡單的模式，讓他們能激勵自己或眾人，並做到競爭對手做不到的事。

此法則可以適用於任何人、做任何事之時，當然也適用於每一位學生，大至活出特別而超凡的生命、設定自己的學涯，小到完成一個自學計畫，都能受惠於此。

美國石油大王洛克斐勒（Rockefeller）曾說：「『目的』是驅動我們潛能的關鍵，是主導一切的力量，它可以影響我們的行為，激勵我們製造達到目的的手段。」**大多數人都習慣**

黃金圈

Why（動機）

當我做任何事時，首先要問：「我為什麼要做這件事？真正想完成什麼使命、願景、目的？」例如：為什麼要去學校？為什麼要上某個系？為什麼要跟某人交往？簡而言之，「我這一生，要把能力、智慧、熱情、時間放在誰身上？要造成什麼影響或改變？」通常有實際的動作，並盡量與他人相關。

WHY

HOW

WHAT

How（方式）

以上的使命或願景，「我要如何完成它？我的價值觀或賣點為何？哪裡與他人不同？」例如：我成績表現最好、更有紀律、更能為人著想……偏向一個形容詞、描述或價值觀。

What（手段）

要完成目標，「我實際上做了什麼事，讓我有資格或能力達成目標？」這是大多數人最熟悉的，例如：具備某張證書或獎狀、參加了某個活動……通常是一個物品或一個行動。

藉由數據、名次或方法論，來激勵他人或自己；但使命、願景、目的，才能真正有效且持續地刺激人往前，並主動克服過程中的困難。

你可能有經驗：你嘗試說服朋友做一件事，你提出了所有的理性原因，連你自己都相信了，但他仍然不為所動；最後你已經放棄說服他，只說了一句：「是朋友就走啦！」他竟瞬間答應，而你還在想「為什麼？」

在人類的大腦結構中，最外層的「大腦皮層」負責理性、分析與語言，對應到What；而最中心的「邊緣系統」負責情感（如信任、感動與忠誠）、決策及所有行為，對應到Why。因此，當我們談及Why，就是在對一個人的情感說話，並直接影響他們的行為。

改變表達的順序，從Why（動機）開始，在What（手段）結尾，就能鼓勵人產生對應的行為，無論是自己或他人。

\# 搶救無動力
\# 讓未來可以想像

從黃金圈出發，開始設計學涯

我常在各種學習社群中，看到一個問題：「老師，我想上○○系，請問學習歷程要放什麼？」然後就會有學長姐建議要修什麼課、參加什麼營隊、考什麼證照、自主學習放什麼……其實要得到這些結果並不難，跟著本書的脈絡讀下去，你完全可以成為自己的顧問。

當然那些建議都有道理，但主要的問題在於，這是別人覺得好的，未必一定適合你；更重要的問題則是：**你想在自己的歷程中放什麼？什麼才能代表「你」？**

你會問：「黃金圈與我有關係嗎？」
我要說：「不只有關，是超有關！」

黃金圈就像一個「箭靶」，指出你前進的方向，而你做的每個努力，就像一枝「箭」。你每天努力累積的，是瞄準最內圈的 Why（動機），讓自己更清楚未來方向？還是努力累積證書或獎狀，不斷把箭射向外圈的 What（手段）？

將大學視為你的「投資者」

如果你有時感覺缺乏動力或方向，或知道有些科目很重要，但還是不想讀；又或該做的都做了，還是感覺「怪怪的」，面對困難也一下就放棄了，這並非你天生比別人差或懶，你只是需要開始用正確的方式激勵自己。提出黃金圈法則的西蒙・斯涅克在演講中多次提到一句話是：「人們不會買你賣什麼，他們買你的為什麼。」（People don't buy what you do, they buy why you do it.）；這句話適用於自己，更適用於每一位看你學習歷程的人。

我曾帶過一位高一學生，她來自台北的社子島，相當聰明但不愛讀書。對於「未來想做什麼？」她的答案很特別，是「我想改變社子島的環境」；原來當地因為過去會淹水，而後被法規限制禁建，這也限制了當地的經濟發展。這位學生深感其害，也希望能改變現況。

在許多可能性中，她對從政最有興趣；於是，大學想讀政治系、想去環境工程公司實習、高中要加入相關團體學習公民參政實務、因為需要參考國外經驗，所以要面對討厭的英文……這些都是她自己想到的。光是找到 Why，就可以從「不愛讀書、討厭英文」，到主動列出後續的規劃，這就是找到使命與願景的力量！

而若學生是學涯的設計者，那大學就像是「投資者」；每一位學生，用自己的成績與學習歷程，吸引大學在眾多競爭者中，選擇投資自己，讓自己成長為未來世界所需的人才。對升學而言，會選擇同一系的人，成績都相差不多，那麼學習歷程就是決勝點之一；而比起獎狀軍備競賽，清楚未來方向的學習歷程，顯然更能吸引人。**探索是一段進程，你會越來越認識自己，也會在過程中改變，沒有人能一箭中的，越早開始，就越有調整的可能。**

從「使命」思考學習的意義

接下來，就進入本書第一個「動手寫」吧！當提到動機、方式、手段，可能你已經想到許多詞彙；但透過單純的表達方式，你能更聚焦在每一點上。（第 81 頁：學涯設計單 ①：我的學涯黃金圈）

也許大多數的人，是第一次從「使命」的角度，去思考自己學習的目標與意義；若你覺得不清楚，請放心，那大多只是「還沒清楚」。因為事實上，學習本來就該是「為未來而學」，未來都是越走越清楚的！我們真正能專心貢獻世界，通常是在畢業後的幾十年間；而在學校的十幾年，就是「裝備」階段，讓我們有能力、知識、技術，去完成我們想做到的事。如果

連打遊戲，都會配合角色的特性與任務來選擇裝備，何況是真實人生呢？

在接下來的章節中，會將你的這份「學涯黃金圈」一步步轉化成學習歷程規劃，引導你在中學階段的每一步，都做出目標導向的選擇；不只把時間用得有效率，也讓你的學習歷程檔案從待交的作業，成為能用的裝備。

但不同於遊戲的是，生命沒有攻略、也沒有標準答案；因此，如果你在後續的探索中，發現這三個圈中，有任何需要改變的地方，這是一件非常好的事，也可以隨時回頭來修正！這代表你不僅開始想，而且你所想的，正越來越接近真實。

\#人們不會買你賣什麼
\#他們買你的為什麼

學涯設計單 ①：我的學涯黃金圈

我的使命與願景：

WHY

HOW

WHAT

我的特質、
信念或價值觀：

我的專長、
技能或經歷：

發現天賦：
找出你的優勢能力

美國教育家拉爾夫・愛默生（Ralph Emerson）曾說：「人生來就具有一定的天賦。」肯・羅賓森（Ken Robinson）在《讓天賦自由》一書中曾說：「所有人都身懷獨特的天賦與熱情，能夠驅使我們創造超乎想像的成就。」天賦的英文是 Gift，即來自上天的禮物，並非透過努力換來，或被強制學習，而是從出生起，就顯著突出的能力與熱情；可以是與自己的其他方面相比，也可以是相對於其他人而言的。

無論你的成績或自我觀感如何，你都是非常有價值的！因此上天送你許多「禮物」，這就是天賦；而當你用心觀察與雕琢，你的天賦必定會漸漸顯露出來，並帶你去到沒想過的地方、遇見沒想過的人事物。

這裡面關鍵的三個元素，就是能力、熱情、特質；而前文提到的使命，往往出現在三者的交會之處。

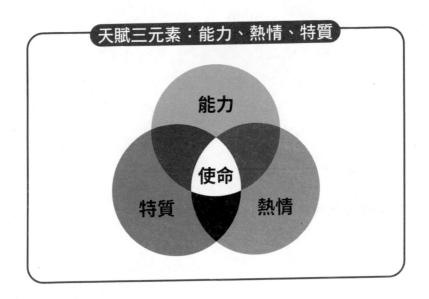

能力不只是學校科目

在過去考試掛帥的時代，我們常用科目成績或文理組的區別，來辨識自己的能力；但有件事是確定的，即能力不只是學校科目，而且領域遠比我們想像的更豐富。

多位著名學者都提出了理論，探討「智能的多元性」；例如哈佛大學心理學家霍華德·加德納（Howard Gardner）提出多元智能理論，包含「語文、數理邏輯、空間、肢體動覺、音樂、人際、內省、自然」等八大領域，台灣的教改也以此為基礎思維之一。另外，許多公司在選才的時候，也注重多元化的

能力，如智力指數（IQ）、情感指數（EQ）、道德指數（MQ）、逆境指數（AQ）……根據所處職位與情況不同，我們需要各種能力的組合，並非只是學科能力，又或應考能力。

你可以從以下三個角度，試著找出自己的能力，並且寫下來。（第 86 頁：學涯設計單 ② ：我的天賦—能力）

1、哪些事表現最好

首先是從自己的專長。包含學校各種科目，以及多元活動，如美術、音樂、體育、烹飪，或嘗試學習過的任何事，你在哪些事上表現得最好？學得比別人更快？在這些項目，常常能有數據化的標準，又或有專業人士稱讚我們做得不錯，都能幫助我們辨識出自己的能力。若我國文成績不錯，突出的可能是閱讀或寫作能力；有些人的音樂成績不錯，是源於其絕對音感，這些都是能力的一種。

需要注意的是，學習表現並非全由能力決定，你數學不好，未必是你沒有「理科腦」；老師的好壞、同儕學習風氣、環境與資源是否充足、當時的身心狀態等，都可能影響我們的表現。好老師會幫助我們開發能力、建立態度，不好的老師則可能摧毀興趣，導致學習成效不好，其他因素亦然。但所有表現不好的項目，若找出中間的關鍵，仍充滿翻轉的可能。

2、擔任哪些角色表現最好

其次，在曾擔任過的角色中，表現最好的是哪些？「表現好」的具體事件是什麼？當中又用上了哪些關鍵能力？例如擔任社團的財務長，不惜力排眾議，也要擋下超過預算的決策，最後維持了社團的財務健康；這當中除了財務專業外，也要有組織管理的敏銳度、不能隨波逐流，更需要強大的人際溝通能力，能讓團隊信服你的判斷。也許只是一個角色中發生的一件事，但所應用上的能力，卻是多元且珍貴的。

3、別人經常稱讚你的優點

最後，也是最容易被忽略的，就是「別人真心的稱讚」，例如你很會講話、會交朋友、很幽默等；當然有些稱讚其實是在客套，但若從不同人口中，都出現同樣的讚美，那麼也許這是我們真實擁有、自己卻很少發現的能力。

當你列出各種能力後，若能找到之間的交集，這很可能就是你特別突出之處。

\# 人人有天賦
\# 未來需要各種能力的組合

學涯設計單 ② ：我的天賦—能力

我表現最好的三個科目是：

1.

2.

3.

當中應用的能力、最突出的能力分別是：

1.

2.

3.

我最擅長的三種活動是：

1.

2.

3.

當中應用的能力、最突出的能力分別是：

1.

2.

3.

我曾擔任過、表現最好的角色是：

_____

具體事件為：

_____

_____

_____

當中的關鍵能力是：

_____

_____

_____

我最常被別人稱讚的三種能力是：

1. _____

2. _____

3. _____

統整一下》我的三個亮點能力是：

1. _____

2. _____

3. _____

發現天賦：
找到你的熱情所在

延續上一篇提到的天賦能力，這一篇我們要談第二種天賦：
熱情，對特定人、事、物的熱情。

熱情指一種強烈、積極、主動的態度或情感，並非受迫於外
力，而是出自於你的內心；別人能逼你做一件事，卻無法逼
你充滿熱情。一個人可能同時有許多熱情，多數人也的確是
如此，但它不會自動出現，而是需要尋找；實際上，大多數
人一開始都不知道自己喜歡什麼，都是在嘗試後才發現「哦！
這件事原來滿有趣的喔！」這也是近年來，各種探索體驗活
動廣受歡迎的原因。

熱情更多是「你關注的事」，而非只是覺得輕鬆或有趣的事；
也會因為持續關注，而促進你自發地追求成長。例如許多人
會說「我最喜歡睡覺」，誰不喜歡呢？但睡覺顯然難以稱為
熱情；我個人也喜歡一些韓星（例如 IU），但與 Uaena（IU
粉絲）們的用心應援相比，我只是覺得有趣，他們的才是熱
情啊！

聽從「呼喚」

關注的主題可大可小，大到全球環保或金融科技發展，小到
鄰近社區中經濟弱勢孩子的課後陪伴，甚至一款遊戲的演進
史。這邊的關注，比起收看即時新聞的關注，會更多連結於
你個人的價值觀，以及想產生影響的領域。也有些關注，是
源於某族群或場域的「呼喚」，因為看見需要，就產生了情
感上的連結，甚至責任感，以致於持續關注與付出行動。

例如在台灣，有個我非常佩服的國際教育組織「遠山呼喚」，
就是從 2015 年尼泊爾大地震後，創辦人在當地看見了孩子的
教育需求，而後常駐於尼泊爾，並持續經營長期教育系統，
支持了數千位孩子。

在所關注的領域中，你未必能力很強，但在做相關事務的過
程中，你會感到喜悅，而且時間過得特別快；你會主動付出
精力研究與練習，享受突破困難時的喜悅；當然你也會期待
自己的熱情，最後能開花結果。**許多人都是先開始關注，後
來才成為專家的。**

有三個角度能聚焦自己的熱情，就是你的興趣、關注的領域，
以及想成為的人。並請你把結果寫下來。（第 93 頁：學涯設
計單 ③：我的天賦—熱情）

1、你有興趣做的事

首先是你的興趣。找到興趣有許多種方式，當然也需要一段時間的嘗試；你可以在學涯設計單上寫下最直覺想到的幾個，你在做什麼時，感到時間過得特別快？有哪些事是不用別人催促，你就會主動花時間去做，並感到快樂的？甚至你在練習的過程中，曾遇到困難，但仍持續努力的事。

2、你關注的領域

其次是關注的領域，如上所述，可以是議題、人群，或任何主題。如果一時想不出來，可以翻看報章雜誌的分類，看哪些版面（如政治、娛樂、環保……）會抓住你的目光，讓你多看兩眼？察看自己的網路瀏覽紀錄也是個好方法，在作業與考試之外，你會投入了解哪些主題領域？關注什麼事件的發展？你曾購買某些活動與運動的紀念品？這些都能指出我們關注的領域。

3、你想成為誰

第三則是你所想成為的「榜樣」。我看過一篇 IG 貼文，標題是「學霸愛豆的必勝讀書方法」，下面 Hashtag「# 你的偶像都在讀書」，裡面簡短提到了 BTS、Wonder Girls 等幾位成員的讀書方法；這貼文有種神奇的力量，即使不喜歡英文的人，只是因為喜歡偶像，就有動力去克服困難。

現在 NBA 中許多當紅的球星，是看著已故湖人隊球星科比・布萊恩（Kobe Bryant）長大的；他們被科比的熱情吸引，從模仿他的動作與苦練開始，到培養出「曼巴精神」的殺手特質，最後能成為聯盟中的頂尖球員，以及科比的接班人。

無論你的榜樣是真實的人或虛擬角色，你也許是先看見他外在的成就或特質，但你必會漸漸注意到他內在的人格與信念，並被他的投入給吸引，也對此領域產生熱情，以致於最後能夠裡外像他。

釐清為什麼喜歡

而無論熱情從何處而來，最重要也最需要思考的，就是「為什麼」；你為什麼喜歡做這件事？為什麼被這個議題吸引？為什麼想成為這個人？想清楚原因，將為你帶來更深遠的動機，讓你不只專注於事情本身，也能在這些事中更認識自己，甚至看見自己未來的樣貌。熱情能夠專一，當然也能多樣，都是可以的。

在寫學涯設計單前，特別請你注意的是：能力與熱情可能只有部分重疊。即使有某一件事，你能學得快又做得好，也不代表你會對此有特別的興趣或熱情；就像許多職業運動員都

能在多個項目同時有好表現，但只為一項特別付出，其餘則作為消遣。

而有熱情的領域，你未必表現突出，這可一點都不「遺憾」，反而會讓你特別能欣賞某些事物。舉例來說，音樂的感染力是超越國界的，能深刻欣賞一場音樂表演，甚至與演出者產生連結的人，雖未必是專家，但通常對這些曲風、樂器有一定程度的熱情。成為一個能為人讚嘆、喝采的人，也很浪漫，不是嗎？

因此，一方面放開心胸嘗試，並非我們所做的每件事，都需要到專業等級，不必事事都有那麼大的壓力；另一方面也接受現實，未來所需的專業我們未必都有興趣，但這無損於我們認真培養能力，這才是一個成熟的人。

熱情沒人能逼出來
有熱情也沒人能擋下來

學涯設計單 ③：我的天賦─熱情

我最主要的三個興趣是：

1.

2.

3.

我為什麼喜歡做這件事：

1.

2.

3.

我最關注的三個領域是：

1.

2.

3.

關注的原因分別是：

1.

2.

3.

我最想成為的榜樣是：

_____

_____

他最吸引我的地方是：

_____

_____

_____

統整一下》我的三個熱情點是：

1. _____

2. _____

3. _____

發現天賦：
認識自己的人格特質

除了能力和熱情，第三種天賦：人格特質（Personality trait）
是個人在面對人、事、物時所表現的獨特性格，是持久且獨
特的行為模式，有時也被稱為性格、氣質。

一個人的人格特質，除了與生俱來的部分，也跟自小家庭環
境養成、與他人相處經驗很相關；更進一步，也將影響到未
來職業的選擇與發展。

常見的人格特質測驗有許多種，從台灣學生都做過的何倫碼
（Holland Code）、DISC 人際取向、MBTI16 型人格測試、
CPAS 人才評測，到血型、星座，甚至網路上爆紅的「聽音
樂測人格」，多不勝數。而在做完各種測驗或分析後，常常
會讓你覺得「啊，準！這就是我！」至於那些相去甚遠的結
果，我們往往就不會太在意。

人格特質能引導我們做出選擇

我想說的是，其實人都想更認識自己，但沒多少人意識到這件事有多重要；除了已有的特質，能引導我們做出選擇，若看到有個人缺乏的好特質，也能幫助我們更整全發展自己。

我曾聽過一場演講，講者是國內知名的酪農業教育講師；在與講師互動時，我感覺他是一位靦腆而客氣的人，但當他拿起麥克風，卻十足堅定、自信而有條理地，用企業社會責任與自己的成長經歷，鼓勵台下的每一位大學生。原來他的確是內向的人，還曾罹患憂鬱症、懼怕面對群眾；卻因為工作的需要，每天逼迫自己練習，如今不只對內能訓練公司員工，更成為國內知名的企業講師。人真的有無窮的潛力。

以下，我們沿用何倫碼測驗的六種人格特質類型，請你依據對自己的認識，選擇與你最相近的類型，填入學涯設計單中。（第 100 頁：學涯設計單 ④：我的天賦—人格特質）

六種人格特質類型

類型	人格特質
實際型（R）	情緒穩定、坦誠直率、少說多做；喜歡能動手、明確固定且有實際產出的工作。看重當下重於想像未來；較喜獨自做事，相對不善於人際互動。
研究型（I）	擅觀察思考，依自己的步調解決問題，並追根究柢。不喜歡別人給指引、規矩和壓力，喜歡與同興趣或專業者討論。能提出新想法和策略，但對細節較無興趣。
藝術型（A）	直覺敏銳、善於表達和創新，追求不平凡，通常具備文學、音樂、藝術的能力。喜獨立作業，不喜歡管人、被管和被忽略，與人關係較隨興。
社會型（S）	對人和善、好相處，具備良好社交技能；喜歡傾聽、了解人，也願意付出時間精力幫助人。喜歡與大家一起努力，且關心人勝過於關心工作。
企業型（E）	精力旺盛、好冒險且有行動力，想改變不合理的事；善用領導力與口才，渴望成為焦點人物。不以現在的成就為滿足，也要求別人跟他一樣努力。
事務型（C）	個性謹慎、重規矩且精打細算，喜歡在清楚的規範下工作；給人感覺有效率、仔細而可靠。不太喜歡改變或創新，少冒險或領導。會選擇志趣相投的人為好朋友。

完成「我的天賦—能力」、「我的天賦—熱情」、「我的天賦—人格特質」這三張學涯設計單後，一定有人會覺得，自己不如所寫出來的那麼好。但這些整理，本來就不是為了讓你跟別人比較好壞，而是為了讓你再發現自己所有的、再愛上自己。

除了天賦，努力、機運一樣重要

我也相信你還有更多可能性，值得持續探索、持續發現；不要限制自己，你所擁有的，可能遠遠超過自己的分析或想像。因為每個人從一出生，就必然領到這份從天而來的禮物，沒有人的生命需要從零開始；當你認知到這件事，我相信會給你許多力量。

此外，我們也並非否定努力與機運，相反的，我認為這兩者都至關重要；好天賦恰如璞玉，需要開採、也需要機會曝光於世。當 2021 年 NBA 最有價值球員、丹佛金塊隊的中鋒約柯奇（Nikola Jokic）被問到關於自己的成長時，引用了一句名言："The more I practice, the luckier I get."（當我練習得越充分，我就越幸運）；認清天賦並專注雕琢，讓我們能把握住許多機會，無論是能力、熱情、人格特質之中的哪一種，幾乎都能靠著「刻意練習」而培養強化。

天賦就像人人都有的支票，而從出生到現在的每一步，某部分來說，都是天賦「兌現」的過程；你現在是否感到富有，關乎你一直以來如何度過每一天。接下來我們要一起檢視現狀，並描繪未來；畢竟要出發之前，得先知道自己在哪裡，才能設定方向，不是嗎？

＃你擁有的可能超過你想像

＃兌現你的天賦

學涯設計單 ④:我的天賦─人格特質

對照第97頁的人格特質類型表,選出和自己最相近的三種類型,
最相似的排第一;對應的特質有哪些?並用實際事件說明原因:

第一型:

對應的特質是:

為什麼我是這一型:

第二型:

對應的特質是:

為什麼我是這一型:

第三型:

對應的特質是:

為什麼我是這一型:

統整一下》上面寫出的特質中,哪些是我現在較不足,但接下來
想培養的?

評比
現在的自己

很多人在讀書時，會整理一本「錯題本」，就是依照科目，把所寫錯的題目、正確的解法與相關重點概念，都抄錄於同一本筆記上；不只能看見自己弱點在哪、鎖定不熟悉的章節，更能在複習時具有針對性、用更少的時間，達到更好的效果。我有位學生用「丟錯題本」來激勵自己，每丟掉一本錯題本，就代表他面對並克服了一些錯誤，也離希望的好成績更近了一步。

今天我們要用一份「現狀儀表板」，針對你生涯中關鍵五大領域的現狀作評比，也思考你的價值觀；也許很多領域你未曾想過，但相信我，這些領域都會帶來極深遠的影響。而這跟錯題本不同之處在於，檢視的目的並非為了滿足下一次考核，而是為了不再逃避與忽視，現在就能往美好的方向開始改變。

「現狀儀表板」的五大領域包含：自我價值、身心健康、人際關係、課業表現與經濟狀態，請參考以下說明，在學涯設計單上為自己打個分數，並寫下評分的原因。（第 106 頁：

學涯設計單 ⑤：現狀儀表板）

1、自我價值

「自我價值」是我們不斷往前的重要推力，在談你與自己的
關係，即總體而言，你是否覺得自己有價值？缺乏自我價值
的人，很難有真實的自信，也難以與人建立健康的關係。很
多時候，我們用外在的分數或標籤來評比自己：我是某校資
優班學生、我是熱舞社成員……這的確很實際，但拿掉了這
些，你是誰？你的內在還剩下什麼？

評估自我價值的標準，包括你知不知道自己是誰？喜歡自己、
覺得自己有存在價值嗎？是否有自信？是否有目標、正在往
目標前進，並感到滿足？每天起床的時候，你會不會期待新
的一天？

2、身心健康

有人說若生命是一個數字，成就、財富、愛情都是 0，健康
就是 1；沒有了前面的 1，再多 0 都沒有意義，「身心健康」
指的是身體與心理雙方面的健康同樣重要，且常相互影響。
心理健康並不只是「有沒有精神疾病」，包含是否常出現莫
名的極端情緒，例如生氣、害怕、悲傷等；請注意，有情緒
是正常的，若感覺不到情緒，則是有問題。也包含過度注意

自己的外表、常覺得自己沒用或有罪惡感、常想自殺等。許多心理疾病容易被忽略，例如憂鬱症看不出來，全世界卻有3.5 億的憂鬱症患者，不要忽略！

身體健康也有許多值得參考的評估標準，例如是否精力充沛、抵抗力好、不常生病？眼睛是否明亮、牙齒是否清潔？BMI是常見的標準，我們未必需要追求肌肉男或明星身材，但一定要健康；好的運動習慣不只能降低生病的風險、讓你精神更好，勻稱的身材也能增加自信心喔！

3、人際關係

人是社會的一分子，沒有人能孤立於世界而活，我們需要與他人連結；在人際關係中，我們被賦予了角色，也據此找到了自己的價值。

常見的人際關係，包含我們與家人、同學、朋友、情人等，你與他們的相處互動如何？是如膠似漆，還是相敬如「冰」？在人際交往的過程中，是美好回憶多，還是遺憾比較多？你是否善於與人建立穩固、深刻的關係？有只要你開口，就一定會幫忙、而且你會向他開口的朋友嗎？或都是泛泛之交，流於表面又無法持久？最重要的是，我們是否在人際交往中，不只愛人、也感到被愛？

4、課業表現

台灣的學生一天有超過 8 小時，就是三分之一的時間在學校度過；我們希望在課業上取得好表現，但所謂的課業表現，並不單指成績而言，更是綜合的學習狀態。包含你是否喜歡上課？對自己的表現是否滿意？對課程是否有興趣或是熱忱？是否能說出自己的學習意義與價值？是否有信心面對學習過程中的挑戰？ 108 課綱引導學生探索自己，你的學習是否有方向？

其實，以上這些指標，比一時的成績更重要；如果在這些層面上，你都有不錯的表現，相信你一定能找到屬於自己的領域，持續深耕發展，並能做出貢獻。

5、經濟狀態

五大領域的最後一個，是經濟狀態。身為學生，你現在可支配的金錢未必很多，也未必能完全自主；但一個人的經濟狀態，指的不只是他現在有多少錢，而是有形、無形的綜合狀況，這關乎他生活的樣貌與發展可能性。而財務上的目標或責任，「想擁有什麼」也常常成為一個人的動力來源。

當中的評估指標，包含你的財務知識如何？是否定期關心自己或家中的財務狀況？是否有未來導向的財務目標，且正在

向此前進？目前可自由支配的財物是否足夠？是否有不正常借貸關係，或無力償還的負債？

在這些評分當中，你不需要跟別人比較，就算朋友一樣多、課業分數都一樣，項目評分未必相同，也不需相同。無論是考試、競賽或成果，我們常常習慣「橫著比」，跟朋友比、跟親戚小孩比、跟其他國家比……是的，某一年的大考的確是橫著比，這並沒問題；但人生是專屬於自己的，當未來有天回頭望，我們只能「豎著比」，就是跟自己比，我更好、更快樂、更有價值了嗎？比贏別人，只能提供你短暫的動力，比贏自己、努力後看見自己的突破，才是真正的樂趣。

而在這當中，最重要的就是「為什麼這樣自評」；找到為什麼，會讓你看見心中重視的面向，進而找到持續努力的方向。這其實也跟學習歷程中的「反思」，是很相似的概念。

\# 自己跟自己比
\# 練習反思

學涯設計單 ⑤：現狀儀表板

我的五大領域分別得幾分（1-5分）？寫下會這樣自評的原因：

自我價值：＿＿＿＿＿＿分

原因：

_____

_____

身心健康：＿＿＿＿＿＿分

原因：

_____

_____

人際關係：＿＿＿＿＿＿分

原因：

_____

_____

課業表現：＿＿＿＿＿＿分

原因：

_____

_____

經濟狀態：＿＿＿＿＿＿分

原因：

_____

_____

人生不斷在抉擇，
而價值觀會決定你的方向

這篇我們要來討論「價值觀」（Values）。價值觀有許多定義，其中我最喜歡的是：個人對於事物重要性的評價，與所抱持的看法。它雖然看不見、摸不著，卻會在每個十字路口，指引我們對人、事、物做出相對的取捨。有許多人覺得，價值觀太抽象、沒那麼重要，但我曾看過一句話，非常認同：「我們的欲望無窮，但人生卻沒那麼長；因為我們無法全部擁有，所以取捨的練習才顯得那麼重要。」

我有位學生，在八年級時第一次思考自己的價值觀；在長長的價值觀列表中，她選出了自己前兩名重視的事物：第一是金錢，第二則是家人。這兩者當然都非常重要，毋庸置疑，但我對這個排序很有興趣，於是問了她一個狀況題：

如果將來有兩個工作，第一個是外商公司，錢比較多，但一年才能回家一次；第二個公司錢比較少，但妳可以住家裡。二選一的話，妳要選哪一個？

令我意外的是，她幾乎想都沒想，就回答：「當然是第二個啊！怎麼能見不到家人？」

價值觀列表

人氣	自然	健康	與人連結	有創意	有財務保障
才智	別人的贊同	專業能力	領導	有意義的工作	家人
仁慈	快樂	情感	影響他人	有競爭力	愛
分享	改變	啟發	憐憫	自由	權力
友誼	和平	教導	樂趣	自尊	有效率
外貌	忠誠	被社會接受	熱情	旅行	個人成長
平衡	承擔風險	認同感	學習	時間	意義
正直	服務他人	傑出	獨立	秩序	關係
交際	果決	創造改變	獨處	能力	成就
休閒	知識	喜悅	親密關係	貢獻	美
歡笑	社群	尊敬	幫助他人	愛國情操	傳統
開放	肯定	愉悅	自然環境	感情關係	藝術
名留青史	金錢	智慧	謙和	溫柔	靈性成長
聲望	信仰	發揮潛力	隱私	誠實	穩定
地位	信任	舒適	歸屬感	慷慨	成長
安全感	冒險	進步	職涯發展	權威	政治自由

我們每天都會面對無數的抉擇，而不同的抉擇，會把你帶往不同的生活模式，以及不同的未來；甚至對中學生而言，價值觀帶來的影響，也可能比你想像的更廣泛。現在就根據上面的價值觀列表，寫下你最重視的前五名。（第 111 頁：學涯設計單 ⑥：我的價值觀）

如果你重視財務保障與安全感，可能適合在成熟的企業中工作，而若重視創新，進入新創團隊打拚，可能更適合你；這兩種職涯所需的能力相差甚大，在學時要培養的重點，也相當不同。

價值觀甚至會影響到面對議題的立場，在許多地方都有經濟發展與環境保護的對立，例如苗栗的石虎保育與土地開發，孰輕孰重？在這兩者間的選擇，往往代表了你會有不同的使命感，以致於投身在不同的領域中。無論是選擇就業的公司、相伴一生的伴侶，相似的價值觀會帶你們往相近的大方向前進。

需要注意的是，價值觀並沒有好壞之別，都是中性的；也不需用這個結果來定義自己，因為我們都會隨著成長而改變，當我們的角色、閱歷不同了，價值觀可能也會隨之不同。比起用答案來框住自己，思考如何讓價值觀造福自己與別人，

更會讓你得到力量。本書除了中學生能用，無論在大學，甚至畢業後，只要是你感到迷惘、需要再次定向之時，希望都能成為你的助力。

這一整章「找自己」的過程，不只是一種心靈雞湯式的自我報告，在製作學習歷程檔案或自傳時，更是不可或缺；畢竟重點不只是「要上什麼科系」，而是「你」要上什麼科系，當你越認識自己，就越能做出適合的選擇，並提出對應的申請資料。

接下來，我們要進入下一章「探索未來」！

學涯設計單 ⑥：我的價值觀

對照第108頁的價值觀列表，選出自己最重視的前五名價值觀，並
簡單說明原因：

第一名：
_____

為什麼：
_____

第二名：
_____

為什麼：
_____

第三名：
_____

為什麼：
_____

第四名：
_____

為什麼：
_____

第五名：
_____

為什麼：
_____

（若答案不在列表中，亦可自己補充）

專訪爆學力資深講師李承翰

從台大機械系休學，
轉個彎重新踏上夢想道路

新創教育團隊「爆學力 Atom SkooL」的資深講師李承翰，是典型從小到大都五育兼優的好學生；因為高中時理科成績不錯，加上世俗觀念認為男生要讀理工，所以即使內心喜歡文組，還是上了台大機械系，念了之後才發現不是自己喜歡的系。而大二時系主任的一句話，更成為休學轉系的關鍵。如今他擔任講師兩年多，演講與課程聽眾超過 5,000 人次，致力於啟發高中生成為「自主學習者」，讓他感覺到這就是他想做的事。承翰用自身經驗告訴年輕人，不用勉強維持所謂的「人設」，發現自己走錯路，就調整方向，如果因此了解了自己，其實也是種成功。

坤平：你成為講師的契機跟過程是什麼？你曾經做出什麼努力？又或曾突破什麼困難？

Interview

承翰：我對本章的「錯題本」跟「現狀儀表板」很有感，我感覺自己也走過相同的過程。

從國、高中以來，我的性向測驗結果一直都是一條直線，而且直線的位置很高；通俗來講就是五育兼優，但對要升大學的我而言，卻無從做出選擇。我一直知道自己對國文、藝術等領域有熱情，但當時流行「男生讀理工」，加上我數理也考得不錯，於是就上了台大機械系。直到大二被當光，我才開始正視自己的想法。

我當時就在理工與藝術間擺盪；我曾經開直播唱歌、當演員，同時也去學 Coding，甚至應徵上了程式設計師。我很快體驗到程式設計師的生活，打電腦一整天，唯一一句話就是問同事：「能不能幫我訂雞腿便當？」我才驚覺不行……自己真的需要講話！後來我成為了爆學力的講師；當我站上舞台，無論是看到同學在課堂上的笑容、在回饋表單上說學到很多，感受自己一次次的進步……雖然還是有困難，但我感覺到，這就是我想做的事。

但中間還是有很多困難。例如我自覺是個搞笑的人，但又很怕自己其實不好笑，也怕自己講話沒有真材實料，甚至害怕聽眾當下在笑而沒有發覺，回家才發現演講沒內容。還好爆學力很強調內容，因此我會去讀很多書、訓練自己，而搞笑只是一種跟觀眾拉近距離的方式；後來收到同學很多回饋，對我來說都是一種正加強。

坤平： 我覺得你是面對困難、仍能努力克服的那種人。面對讀機械系的困難，我相信你如果好好讀一定也能過，但你卻沒有硬撐、選擇轉系。你是怎麼想的？

承翰： 這問題很好耶！我如果硬著頭皮讀，或許也能過，但為何我沒有這樣做？其實大二剛開始時，我的成績還可以，直到「熱力學」讓我第一次有念不起來的感覺；但我非常在意自己的「人設」，我一路都是品學兼優，所以我很害怕讓別人發現我的困境。後來得知有「停修」這個機制時，覺得太爽快了，不想念就停修！後來我不只停修熱力學，很多沒興趣的課，也開始不去上。

Interview 一

其次是科系氛圍，無論是笑點或興趣，我跟周遭的人都沒有共鳴，因此我當時很孤單、沒什麼朋友；但為了維持人設，我並沒有讓家裡知道自己過得不好。後來我積極參與學校桃友會的活動，結識了一些好朋友，卻像有兩種人格，在社團與系上截然不同。

有次我被系主任約談，他問我：「我看你大一成績不錯，自傳裡也說對機械系有興趣（OS：當然是騙人的），為什麼變這樣？」當我說其實覺得自己不太適合這領域時，主任很坦白地說，他原本對機械也沒什麼興趣，但從大學、研究所、出國留學、結婚生子、當教授，現在也很開心。最後他鼓勵我：「你就拿出高中那股傻勁來念，就可以了！」但這句話卻是壓倒駱駝的最後一根稻草……我覺得這樣的人生太無趣了！如果撐下去會變這樣，那不如算了。於是我讓自己被當掉，後來也正式休學。

後來我媽鼓勵我轉系，她說：「你是那種，真的想做一件事，就做得到的人；如果有一個系是你想

讀的，我相信你可以轉成。」我們就一起查到了經濟系，後來也真的轉系考回去。

坤平：我對主任那句「拿出高中的傻勁來念就可以了！」印象深刻。我遇過很多學生，在他們眼中的成長，就是靠著傻勁、關關難過關關過；但在你的分享中，我卻聽到「轉進」，此路不通，就試著往另一條走，這其實也是一種成長。對你而言，從當時到現在，自己最大的成長是什麼？

承翰：你說的很有啟發性！真的很多人這樣想，甚至覺得「挺過去」不就是一個勳章嗎？但我相信，就算是這樣的人，有時還是會感到迷茫，不知道自己為何而做。

我覺得從當時到現在，自己成長最多的，就是思維模式轉變了。台灣教育強調努力，我當然認同要努力，但我開始會思考現在所要做的，與我的價值觀或在意的事有何關連？然後才決定要投入多少心力。我知道自己的特質，喜歡的事就會很投入；我也看過自己努力的樣子：例如練習唱高音，練到

Interview

胸都痛了，還是繼續唱……我就不再懷疑自己是
否不夠努力了。

同時，我也不再為自己營造人設；很多學生很努
力做人設，要社團經歷豐富、戀愛順利、當學霸
……其實活得很辛苦。我以前也是這樣，大二被
當光後，我才開始想，自己原本是怎樣的一個人？
像我以前很困惑，自己那麼愛站上講台，那我應
該是個外向的人吧？後來看了一本書，我才知道
內向的人一樣可以喜歡表現，但他特別需要獨處
的時間；我發現這就是我，不必勉強給自己一個
外向的人設。

這個過程稱不上快樂，但**當你開始接納自己，就
會覺得很坦然，也才能真正為自己做出選擇。**

坤平：我覺得很感動的是，在你最困難的時候，
媽媽不只給你建議，也陪你一起走。而這就是爆
學力在做的事，擔任「媽媽」的角色，陪學生一起
走。這很關鍵，因為中學生們正在學習認識自己，
你覺得怎樣的心態是較好的？

承翰：我覺得就是用「實驗」的角度，看待自己在做的事；因為實驗允許失敗，失敗不代表實驗結束，而是調整後、繼續做。

我們常常認為，成功好像是某些人做了某件關鍵的事之後，就開始一路順遂。但真的都是這樣嗎？其實很多時候是一種「最小可行方案」的實驗概念，有假設就去實驗，再根據反饋來修正。

例如高中的自主學習計畫，不用一開始就設計出完美計畫，即使做不下去、仍然硬做；應該要像做實驗、能不斷調整才對。例如讀書計畫，如果你發現自己無法讀那麼久的書，就調整時間比例，或換讀另一類書。不用一開始就完美，在不斷微調的過程中，你會更認識自己，也看見個人自主性的展現，甚至到大學、出社會都是如此。

坤平：我滿羨慕現在的高中生，因為他們有很多空間可以「做實驗」，無論是多元選修、自主學習都是；甚至如果你需要轉領域，只要有足夠的反思，都是很好的過程。大家聽到這種話可能會嗤

Interview

之以鼻，能不犯錯當然更好啊！但其實「調整」是需要練習的，無論是在大學或出社會後，都會有發現自己選錯了、需要再選一次的時刻，如果在學校先「練習」過，以後就更容易面對了。

最後想請承翰用一句話，來鼓勵正在看這本書的每一位！

承翰：「因為失敗而了解自己，就是最美的成功。」我們的文化經常花很多時間討論如何成功，卻很少談如何失敗。但就像你說的，就算出社會後找到眾人眼中夢幻的職業，在某一刻你可能都還是會覺得「啊！找錯了」，這樣就代表你失敗了嗎？還是剛剛那句話，若你因此而更了解自己，其實也是種成功。

更多時候，我們是在「成為自己」；當你不斷投入在想做的事，就不斷成為這樣的人；**因為失敗而修正軌道、調整方向後，你不只更了解自己，也更成為了自己。**雖然我不太喜歡講這個詞，但我覺得這就是成功。

當然如果我是高中生，自學計畫做錯、一個學期泡湯，一定也覺得很嚴重；但到了大學，甚至出社會，你已經有面對失敗的經驗，而且知道如何調整，也會調整得越來越快。這會漸漸把你導向想走的道路，最終成為你想成為的人！

Interview 💬

專訪台灣氣候少女王宣茹

讓自己喜歡的事成為生活，就算與別人不同

高二即用公民提案，改變了台灣塑膠餐具政策的王宣茹，目前就讀於中原大學室內設計系三年級，也是行政院開放政府國家行動方案推動小組的民間委員之一。她不只常擔任幹部或舉辦各種活動，更興趣廣泛，當過 Model，也考過潛水證照。宣茹認為，在課業與多元事務間的取捨，沒有標準答案，只要確定自己在做什麼，就是好的。

坤平：當年妳因為一份作業，提案而改變了政策，請跟大家分享一下這段經歷。

宣茹：它的起頭是一份公民作業。老師希望我們在當時剛創立的公共政策網路參與平台（JOIN 平台）上，提一個你認為現實生活中可被改變的

事情，或附議一個自己認同的理念。當時我想，台灣免洗餐具的垃圾量是可被減少的，因此提出「漸進式禁用免洗餐具」。一開始我以為就是單純提案，達到5,000人附議門檻後，可能會成為某次院會討論主題之一；沒想到後來我被邀請到環保署與行政院參與討論，能親口把自己的想法，告訴實際在做事的政府官員，還滿驚喜的！

印象深刻的衝突是，我以為大家都會跟我一樣，認為保護環境很重要。殊不知我沒有顧慮到免洗餐具業者們的生計，如果沒有好的配套，他們就無法接受；也會質疑諸如衛生棉、咖啡濾網、手機盒，也都是一次性用品，為何不處理？當下我發現自己想事情需要更周全。在學校只需顧好自己，但討論時會有來自各方的不同觀點；例如衛福部就會考量衛生與民間業者的配合度、美食街業者會需要大量清洗餐具等，當聽到不同角度的想法，會讓自己的眼界更廣，這是最大的成長之一。

坤平：關於一次性用品的問題，妳是如何回答的？

Interview

宣茹：他問完後，就繼續講其他內容，所以我沒有真的回答。中午吃飯時有機會開放式討論，可惜當時我太膽小，就沒有更多溝通；如果重來一次，我一定會跑去問很多問題，不要害怕。

其實他們也說，當時已經有開發初步的技術，不過主流市場環保意識不高，消費者仍使用免洗餐具的話，他們就不會做。但這兩年大眾環保意識提高，更多人使用可重複性的餐具與吸管；市場有需求，業者就會視此為商機，去開發環保餐具或便於攜帶的餐具餐盒。

坤平：無論在學界或業界，現在永續議題真的很關鍵。像妳去開會，一定需要花時間準備，許多同學就會覺得排擠讀書時間，妳怎麼看？

宣茹：因為從小就很常當幹部或辦各種活動，我很習慣課業與其他事務並行的生活。當然會想把兩者都做好，但一定是稍有取捨，只要能考到自己的第一目標就好了。成績退步的時候，一定也會擔心、心中會拉鋸，但我只是在做自己想做的

事情而已。

坤平:分數是很直接的,無法用精神勝利法來說服自己成績不錯,如何面對落差?

宣茹:你需要很確定自己在做什麼。舉例而言,高中時我很想考日本的設計大學,當時大家都在拚學測,老師在教國文、英文、社會,只有我在下面讀日文考試;沒有不尊重的意思,**我只是清楚自己的方向,就不那麼害怕跟別人不一樣。**其實大家也不會有什麼意見,大多數是自己想太多、太在意別人的眼光。

坤平:電影《卡特教頭》有段台詞説:「我們生來就是要發光發亮,像孩子那樣無所畏懼;不只有少數人,每一個人皆是如此。當我們發光,也在激勵旁人同樣發光;當我們從恐懼中解放出來時,我們的存在也自然解放了他人。」

能把自己想做的事做好,其實是很讓人感動的,因為「不一樣」需要勇氣;而找到「要做什麼」,

Interview 🗨

也會給我們動機去面對所有困難。也許有人會認為，妳在環保領域有影響力，應該可以讀相關科系，但妳卻選擇了室內設計系，為什麼？

宣茹：其實一開始我想選的是外文或日文系。但有次打工時，我聽到清大外文系的學生分享，自己要讀莎士比亞文學作品，我才驚覺不是我所想、所要的；於是過了一段消沉的時間，因為書讀得要死，也不知道以後要幹麼。

當時就想到，國中時我曾做過一個娃娃屋，當我在安排家具的位子時，雖然沒有照比例，也不專業，但就覺得怎樣熬夜也要做出來，不只心裡開心，也很想把它做好。就開始把室內設計當成大學的目標；而做減塑提案這件事，反而像生活中的插曲。

我也清楚，自己不像那些讀社會或法律系的同學，他們對公共議題的敏感度高、想法清楚；我更偏好傾聽很多不同的聲音、知道大家的想法。總而言之，就是個性上不合適。

坤平：很多同學也會遇到專長與熱情不太一樣的時候，妳建議可以如何面對？兩者是否有可能結合？對妳而言，也許是結合環保與室內設計，會這樣想嗎？

宣茹：高中時的我，會選擇有熱情的那個；當時熱情的驅動力非常高，什麼都不怕，也不太擔心薪水或未來如何養活自己。但到大學仍需要面對，以後是否要從事室內設計相關工作？捫心自問，我還無法給出一個很明確的答案，我也還在探索自己。

但我每次在設計空間的時候，都會試著結合專長與熱情，帶入綠能、永續的概念。雖然目前學校課程還是著重在概念發想與設計合理性，而非是否永續，因為這是最基本的，錯了就會難以使用。即使未必都能照自己的想法做事，我還是會想持續結合永續與空間設計。

坤平：我覺得高中是很特別的時刻，逐漸成熟、會想到一些以後的事，但好像又還在學校的保護

Interview 三

中。可否給同學們關於發展、探索的建議？

宣茹：現在很棒的是，教育部把「探索未來」這件事放在學習歷程的一部分，而且需要從高一開始執行，代表更重視大家的發展；但當探索興趣成為功課，的確也是一種壓力。

如果要鼓勵學弟妹的話，就是要讓自己喜歡的事成為生活。**如果你真的喜歡，這就不會只是功課或另一個計畫。**當你理解這個領域越多，就會越知道自己的方向，應該如何安排。希望大家不要把學習歷程、自主學習或規劃未來看成一種壓力；而是一個很好的機會，讓你在繁忙的學業之外，每週能有固定的時間去做自己喜歡的事情。

最後是，我在高中時一直告訴自己"Dare to be different."，要敢於不同；就算是一些別人沒有在做的事，如果知道自己的方向，那就去做、就去做、就去做！哈哈！

CH 3

你對未來的
想像越清楚，
就越知道為何而學

——探索適合的議題、產業、科系

這一章，我想告訴你的是

要經營一段充滿想像與動力、自主成長、導向未來的學涯，關鍵在黃金圈最中心的願景與使命，需要綁定世界整體的趨勢。試著「把自己放進未來」，無論對於個人發展、安排自主學習或預備學習歷程檔案，都必然是更有利的。

試著把自己
放進未來

當許多人強調以終為始，要你思考未來出路時，其實更重要的問題是，你畢業時的世界，跟現在還長得一樣嗎？你想做的工作，真的還存在嗎？

假設你現在是高一，你做足了功課，鎖定世界上最紅的智慧城市、自駕電動車、後疫情經濟、區塊鏈與加密貨幣，規劃好了自己的未來方向，並朝此認真學習；但當你 7 年後從大學畢業、要踏入職場的那一刻，這些事物仍然當紅嗎？或者會有什麼沒想過、超展開？誰也無法保證。

根據聯合國教科文組織的研究，「知識更新」的速度越來越快，在 21 世紀的現在，約 2-3 年為一週期；這意味著每 2-3 年，我們所學、所認知的所有事物，就會面臨一次全面更新。這代表著高一生看世界的角度，到大四畢業時，已經刷新了 2-3 次。

另一個數據是世界知名管理諮詢公司麥肯錫（McKinsey &

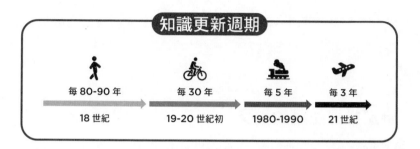

Company）於 2017 年公布的研究報告《工作的消失與崛起：自動化時代的勞動力轉移》，在 2030 年，也就是今年的國七生即將邁入職場的時候，全世界的工作樣貌會有巨大的轉變。

簡而言之，壞消息是，全球將有 4-8 億個工作將會被自動化科技取代；**而好消息是，將新增近 9 億個工作機會，其中 8-9%的新工作是目前還不存在的。**

在 2019 年底，新冠肺炎用不到一年時間，改變了全世界的生活型態，99%的課本中卻仍看不見後疫情時代的蹤跡；當 5G 還未普及、6G 已有影子，AI 與量子電腦的出現，已經預告世界的改變將越來越快……這些讓我們清楚的知道，靠課本吸收知識的時代已經過去了，現在是不斷跟上趨勢、回應趨勢的自學時代。再看得更遠一些，當 2050 年時，現在的高中生已成為社會的中堅分子，主導社會的前進，也承擔世界的樣貌；那麼現在，是否有必要更早思考未來趨勢及個人角色，

以致於當學生們將來站上中堅位置的那一天，能把世界持續
轉化為一個更宜居的地方？

綁定世界整體的趨勢

要經營一段充滿想像與動力、自主成長、導向未來的學涯，
關鍵在前一章所提，黃金圈最中心的願景與使命，需要綁定
世界整體的趨勢。扣回學習歷程的製作，試著「把自己放進
未來」，無論對於個人發展、安排自主學習或預備學習歷程
檔案，都必然是更有利的。

而在選系上，比起依成績做選擇，**從「議題、產業、職業、
系所」以終為始的脈絡切入，也讓你更容易置身於喜歡的領
域，增加持續發展的可能**；因為一開始的選擇，就是從興趣
出發，且依據個人的能力、熱情、特質所在，找到在產業中
對應的角色，並依此選擇學涯中的發展之路。在探索的過程
中，你會看到許多新名詞，都是非常適合自主學習的主題；
而如何做自主學習的相關規劃，將會在後面的章節提到。

 # 你畢業時的世界會跟現在
長得一樣嗎

選定有興趣的議題，
開始關注

而要開始思考未來，「議題」是極好的切入點！

議題是什麼？和問題有什麼不同？議題指的是一個可以被討論、研議，可以容納不同角度與價值，且沒有標準答案的主題；而問題則可以被解決，往往有一個相對最好的答案，當解決了就會產生效益。議題真正連結的是「一群人」或環境的需要，其中有許多待解決的問題，而產業與工作便是藉著解決問題，來滿足這些需要。

隨著世界進步、解決特定問題的方式會改變，造成某些工作被淘汰的同時，也會有些工作應運而生，因為人跟需要會持續存在，議題便不會消失。

議題可大可小，日常生活中無處不在，報章雜誌的各版面也充滿議題。近期廣為人知的「聯合國永續發展目標」（SDGs），便是建立在議題上、需要各國共同投入努力的方向，而當中涵蓋了全世界的每個人。有許多企業或政府開始

以 SDGs 檢視自己，甚至產出新方略與新產品，在滿足人類需要的同時，更多照顧環境。如行政院設有國家永續發展委員會，台北市亦於 2019 年提出《永續發展目標—臺北市自願檢視報告》，有 7 項優先推動目標，每項都會帶來新的可能性；新北、桃園也緊隨在後，可預見未來將有更多城市一起加入。

若說經濟建立在基礎供需法則上，未來世界的需求不同、供給方式需要改變，就會帶出不同的工作機會。

大學開始把議題融入課程

不只是產業，全世界許多大學也都把議題融入在課程當中；從英國曼徹斯特大學、澳洲雪梨大學、丹麥奧爾堡大學，到台灣的台大、成大、清大、北醫……都融入了 SDGs 目標，要培養對未來世界有正面影響力的人才。

2014 年成立的密涅瓦大學（Minerva Schools at KGI），吸引了全世界超過 50 國的人才，錄取率比哈佛更低。除大一上學期修習共同課程外，其餘 3 年半都在世界七大城市，如美國舊金山、德國柏林、台灣台北……之間移動，置身真實世界中，並運用所學試著解決各種問題，培養學生適應不同文化，不只「學有深度」，而且「用有廣度」。

把個人與世界串接起來，這就是議題的魅力。對中學生而言，**只在課本與考卷當中，或許難以找到學習意義；從議題看世界，就能更知道自己在學什麼。**

舉一個實際的例子。

在「交通」議題當中，過去雖以人力或獸力拉車；但隨著科技進步，不只發展出電磁力驅動，更有了大眾交通工具。疫情發生後，因社交距離與國境封閉，交通產業受到了重創；但廣義而言，遠距教學與會議或許也算是某種「交通」，解決了人們的需求。在可見的將來，當 5G、6G 網路、甚至智慧城市成真後，「智慧交通」又將再改寫交通的定義。

而交通技術持續演進的動力，是因為有件事從未改變——存在一群「需要從這邊到那邊的人」。

以台灣為例，因地理限制，花東地區的交通始終是巨大的需要；根據交通部觀光局民國 101 年的《觀光統計年報》預估，花東地區於民國 125 年的旅客人數，將高達 1,606 萬人（本數據因疫情與對岸遊客數，現在已經需要調整），當中包含了觀光客、返鄉、工作等各種往返的需求。

要解決如此大的需求，需要應用鐵路、公路、海運、空運等綜合的方式。但花東交通的現況是：開車太遠且容易塞車，火車票難買，海運的花蓮輪要忍受太平洋的風浪與暈船，飛機票又相對昂貴……因此政府與民間便合作改善交通、促進在地產業與觀光發展，這不僅增加了可計算的產值，也能讓在地文化被更多人看見，產生許多無形的價值。

而在議題與人的背後，就有了無數的機會！在整體高達 2,000 億的預算中，包含國家風景區建設、台鐵與公路等建設計畫等；這些措施都是為了成就共同的願景：讓往返花東地區的人更方便。這不只牽涉的領域與部門非常廣，也必然產生更多需要與效益；從政策制訂與推動、環境評估、居民溝通、各項目設計與施工、跨國設備購置、文化環境營造、在地產業轉型升級、國際觀光宣傳……非常豐富。

無論你讀什麼學群、去到哪一個領域工作，都可能在相關議題的延伸中，找到自己的機會。環境評估除了生物和環境學群，更需要文史哲的知識；工程學群可以參與公路建設；資訊學群則在必要的通訊建置上發揮所長；大眾傳播學群進行政策宣導與溝通；外語學群加上特定專業後，能進入國際溝通；這一切都需要資金與管理，財經學群就扮演了重要角色……

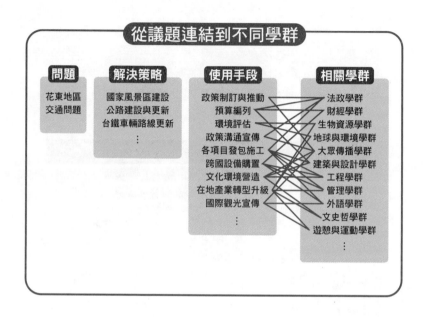

從上例中可以看到，當你鎖定議題，就意味著鎖定了某群人；你會開始去認識他們、去感同身受，你會不斷嘗試用最新、最有效的方法，在有限的資源內，去滿足他們的需要。也因為這些人是活生生、真實存在的，**你的使命與願景會變得生動而清晰，學習也會更有方向與動力，因為能想像自己扮演的角色，會改變他們的未來。**

鎖定在一群不會消失、持續改變的人身上，也會促進你學習成長；有創造性的人，在未來更不容易被科技取代。

熱門議題有哪些

剛開始不知道要選擇什麼議題，可以從報章雜誌找起，近期熱門議題像是108課綱，還有廣為人知的聯合國永續發展目標（SDGs）。還沒有想法的同學，可瀏覽相關資料，再選擇適合你的！

議題方向	這裡找資源
聯合國永續發展目標（SDGs）	・未來城市 future city@ 天下 ・行政院國家永續發展委員會《臺灣永續發展目標報告》 ・台北市《永續發展目標—臺北市自願檢視報告》 ・社企流網站
108 課綱 19 項議題	・國家教育研究院—議題融入說明手冊
國家發展策略（110 至 113 年）	・國家發展委員會—國家發展計畫 ・產業人力供需資訊網—未來產經發展趨勢與圖像
全球未來人力趨勢	・PwC《Workforce of the future - The competing forces shaping 2030》

 # 工作會消失但議題不會消失

用 5W2H 探索議題，
畫出學習計畫雛形！

議題是無窮無盡的，我們可以如何鎖定呢？本文將提供大家具體的探索步驟，讓你用有效率、系統化的方式，理解目標議題，並找到後續與產業、學系的連接點。流程共分為三個階段，分別是廣泛瀏覽議題、深入探索，最後自由發想。

從這個章節開始，會需要查閱資料，因此除了筆，也拿出你的手機或電腦，打開 Google 吧！

Step1：廣泛瀏覽議題，選出要探索的

這個階段的目標，是「選出要探索的議題」，有幾種方式可以幫助你鎖定目標：

1、從上一篇的熱門議題表中來選擇：參照已彙整好的議題組合，如 SDGs 或 108 課綱，並從中擇一。優點是常見、有高度、涵蓋面較整全，也容易找到具體資料；缺點是可能較難與個人生活經驗結合，需要閱讀較多資料，才能有具體想像。

2、從生活經驗中汲取：如果在熱門議題中找不到有興趣的，你可以從生活經驗中，特別是有感的領域，找到目標議題。我有位學生，家裡從事廟宇修繕，近年都沒有年輕人願意接班，父母退休後，工班只能解散；因此「傳統產業缺工」的議題，對他而言格外有感。

3、善用社群媒體：在社群媒體，無論是 Facebook、Instagram，甚至 Dcard 上，有許多媒體會發布新聞，也有許多議題型的 KOL（如雪羊視界）或個人會發表論述，你可以選擇有感或有趣的。例如我在撰寫此段落時，正好在 Facebook 上看見「捕撈吻仔魚，導致台灣海峽漁業資源枯竭」的議題；我原先對漁業議題並不了解，但「停止食用吻仔魚」的訴求很明確，吸引了我的注意。

4、尋找網路熱搜關鍵字：如果以上都沒有，你只要打開「Google Trend 年度搜尋排行榜」，就可以看到從 2001 年開始，每一年全世界的熱門搜尋關鍵字。在 2020 年的榜單中，有「Black Lives Matter」（黑人的命也是命）的人權議題、「如何當個老師？」的教育議題、「虛擬博物館」的藝文議題等；試試看，你會看見許多沒想過的有趣主題！但關鍵字法的結果，特別需要過濾，議題是關於一群人，因此「川普」並不能算是一個議題。

選定議題後，請寫在你的「議題探索表」上，用兩句話簡單描述一下，這個議題主要在談些什麼？並寫下你為什麼對此感興趣。（第 145 頁：學涯設計單 ⑦：議題探索表）

Step2：深入了解議題內涵

第二階段的目標，是要更深、更廣地了解議題內涵，並在當中發現子議題，以及待解決的問題。

首先，請你將第一階段選定的議題，加上「關鍵字」，輸入 Google，前 5 頁的結果就是最多人搜索的子議題。舉例而言，如果你鎖定「教育」這個議題，當你 Google「教育關鍵字」，會在前 5 頁發現最熱門的子議題是：素養、STEAM 教育、108 課綱、未來人才、學習歷程、自主學習……以上每一個關鍵字，都是很好的切入點。

接著，假如你選定「108 課綱」這個子議題，請再次 Google「108 課綱」，然後運用「5W2H」（七何分析法）開始找重點，並用自己的話、在 1-3 句中寫下來；最後舉出三個仍待解決的問題。

5W2H 分析包括：

・What 我鎖定的議題是什麼？其中要探討的子議題為何？
・Why 它為何發生？又為何重要？
・When 它發生於何時？持續期間有多長？
・Who 它牽涉到哪些人？影響到哪些人？
・Where 它在哪裡發生？牽涉範圍有多廣？
・How 它如何發生？又如何影響人？
・How Much 它的市場規模或造成的損失有多少？
・ 仍待解決的問題有哪些？（舉三個）

在 5W2H 當中，How Much 很容易被忽略，卻很重要；這代表著市場中的資源配置、群眾的價值，更代表著你未來就業或創業的機會。**而最後「仍待解決的問題」，就是你可以持續發展、發揮長才的方向。**

這個階段完成後，你可以用 2-3 分鐘的時間，具體且精簡地與他人分享自己有興趣的領域，又或設定自主學習的主題，甚至找到深入發展的可能，非常受用！

Step3：構想解決問題的行動計畫

做完 5W2H 分析後，我們要試著結合自己的天賦，去解決這些既存的問題。這不只會讓你從宏觀角度了解一群人，而且開始與他們產生連結，並用你所有所能，去供應他們的需要。我要請你翻回第二章，把你的天賦、專長或興趣寫在一邊，並把實際的議題或問題寫在另一邊；再用連連看的方式，自由地把兩邊連在一起，試著建構一個完整的行動計畫。你會開始發現沒想過的酷點子，而這些就是自學計畫的雛形！（第147 頁：學涯設計單 ⑧：天賦 & 議題連連看）

舉例而言，我有位學生專長是拍影片，他很會說故事，對新科技有興趣，而他選擇的議題是 SDGs 中的「解決貧窮」。他發現貧窮問題無法改變，其中一個原因是大家很少體驗真正的貧窮、對貧窮無感。那拍影片、說故事可以參與解決貧窮嗎？他 Google 後發現，全世界最大的貧民窟在巴基斯坦，有 240 萬人，第二大的在墨西哥首都墨西哥城旁，有 120 萬人；他希望未來有一天，能去到貧民窟拍攝 VR 影片，讓大家能夠身歷其境、走入貧民窟，置身於他們的困境中，以此激發大家的關注與參與。

要實際完成上面的計畫，還有許多事情要學習與預備；因此他現在的計畫，是開始於社群媒體上，關注並定期分享貧窮議題，並安排時間參與相關組織。這是一個非常好的自主學習計畫，我相信他會學到超過想像的事物，也會發現自己未來的可能性。

在本文中，你藉著議題探索，鎖定了一群有需要的人、環境與許多新的面向，也有一些新的想像；接下來我們會持續深入產業中，看看正在解決世界上各種問題的人們，他們的價值為何？要用到哪些能力？又是如何發揮自己的影響力？

你將在產業中看到的，不只是一份工作，更是你發展自己天賦與興趣的道路；無論是在校內外各種學習上、設定未來方向與目標科系，又或規劃學習歷程時，都是不可或缺的一個篇章！

 # 什麼是你有感的議題

學涯設計單 ⑦：議題探索表

我所選擇的議題是：

這個議題主要是關於什麼：

我對這個議題有興趣的原因是：

用「5W2H」深入分析

What 我鎖定的議題是什麼？其中要探討的子議題為何？

Why 它為何發生？又為何重要？

When 它發生於何時？持續期間有多長？

Who 它牽涉到哪些人？影響到哪些人？

_____

_____

Where 它在哪裡發生？牽涉範圍有多廣？

_____

_____

How 它如何發生？又如何影響人？

_____

_____

How Much 它的市場規模或造成的損失有多少？

_____

_____

仍待解決的問題有哪些？（舉三個）

1.

_____

2.

_____

3.

_____

學涯設計單 ⑧：天賦&議題連連看

我的興趣或熱情　　　　　　　　**我想解決的問題**

相連之後，出現哪些想法？試著寫出最有趣的兩個：

1. _____

_____

2. _____

_____

探索產業：
人人稱羨的工作或許不如你所想

有位學生曾經問我：「老師，所有社團跟營隊我都去了，還是不知道自己要什麼，怎麼辦？」

其實，大多數人發現興趣的過程，都是經過幾次嘗試或練習後，漸漸對一件事產生興趣或熱情；又或是需要一位更成熟的前輩，藉著帶你反思、分析，才會更清楚自己真正喜歡的事物到底是什麼？嘗試與引導，這兩者是相輔相成的。但有個更根基的問題：有沒有可能你想要的，其實根本不在社團、營隊，也不在學校裡？

在上一篇文章，我們談到許多關於世界、趨勢……許多關於「他人」的事。是的，我們需要關注世界，因為我們都「鑲嵌」於人群之中；我也深信人存在的目的之一，就是用自己獨特的方式，來影響、改變這個世界，成為他人的祝福。但在這一篇文章，我們要回過頭來談關於「自己」的事。

如果我的一生，有大約一半的時間都身處於產業與工作中，

那這一半的生命，是否可能既有熱情和興趣，兼顧個人生活，又對社會有助益？若在升學時，無論選系或面試，同時必須要思考畢業後的出路，那我應該如何開始？又該探索哪些項目？最後，在中學到大學的這段時間，我要如何設計自己的學涯（學習歷程），讓自己有能力面對未來？

從多種管道探索產業

其實有許多途徑可走！我們要從校內、校外、線上三個角度來看：

校內：學校課程漸與產業連結

在 108 課綱中，除了國、英、數等學科，更新增了許多跨領域的多元課程，讓學生學得更廣泛；學生也能藉著選修或自主學習計畫，深入研究有興趣的領域，而當你開始這麼做，幾乎一定會接觸到產業。當然，若你立志進入基礎學科理論（如純數學）研究，整體環境就會相當不同；儘管這領域的人相對少，但許多大學教授的學養都甚好，還是能接觸到的。

雖然大多數課程還是在學校內進行，但已經越來越貼近產業了，甚至有許多業界的人會進到校園分享、授課；這意味著產業對學生而言，不再只是實習或工作，而是能引導學習，

讓學用連結更緊密。然而，多數老師所受的師資培訓，都是以教導學科為導向，不容易時時連結產業的最新內容，且產業更新的速度，顯然會快於教材更新。

校外：職業相關活動越來越多

而在學校圍牆之外，校外各類的職業探索活動，無論是工作坊、體驗營、分享會，甚至大學營隊等，不只數量越來越多、涵蓋領域越來越廣、年齡層也不斷下修。過去對學生而言，離職場最近的地方是實習或打工，或是學校的職涯講座；但現在各類活動多、接觸機會就多，內容也漸漸脫離只是軟實力，越來越具體實際。

而此項目的困境在於，相關營隊機會有限，且費用相對昂貴；現在台灣較紅的探索類營隊，除了名額有限、難報到名，整體期程約 3-5 天、價格都在萬元上下，對一些家庭而言，這是在補習之外一筆不小的開銷。

線上：網路的職涯資源漸漸年輕化

在 108 課綱上路之後，網路的職涯資源也漸漸年輕化，過去針對大四以上的學生，如今則往下到高中生；且許多都是免費的開放資源，只要知道、就能使用。藉著網路，學生不只能跨出校園，更能接觸到其他地區或國家的資源。

在網路上有個熱門的關鍵字「Affordable Online MBA」，就是用線上方式取得工商管理碩士學位。全世界 MBA 課程的費用，介於 9 萬～ 20 萬美元；而根據 EdSmart 網站統計，全世界線上 MBA 的課程，費用只在 3 千～ 2 萬美元。各種方式效果不同，但線上課程不只是趨勢，也是降低門檻的好方法；無論如何，都需要把眼界打開，才能選到最適合的資源。

釋放系所選擇的壓力

當你開始探索產業，無論用何種方式，幾乎人人都會發現新大陸；原來有人在做這些事、原來問題能夠這樣解決、原來現實世界是如此！你可能會看見自己想要的生活模式，又或所崇拜的人，是如何有現在的成果與影響力；同時也可能發現，某些「人人稱羨」的產業與工作，並不如你所想的美好，又或真的不適合你。

資源補給站　**這些網站帶你找職涯方向**

直覺職掘、雙橡教育Twin Oaks、WeTeach、iOH開放個人經驗平台、LinkedIn、104 Be A Giver、Mentor門拓一站式學習平台。

例如我跟 YouTuber 朋友聊過後，才發現自己的想像太夢幻。
原來 YouTuber 不只要拍影片，還有許多雜事，要想梗、瘋狂
剪片，還要跟廠商對接；上傳一支影片很有成就感，但每週
都要想新梗、上新片，就是很大的壓力。因此也就有了專門
剪片、專門上字幕、專門拍攝的人……各種角色應運而生。
也發現許多 YouTuber 的收入，並不如想像中高，因此很多人
都還有正職工作，將此作爲副業，所以並不輕鬆！

總而言之，先探索產業的好處多多。你會因為有具體的憧憬、
發現一些科目的重要，而增加讀書的動力；你也會更知道自
己要什麼、不要什麼，而能做出一些選擇，例如把興趣提升
爲專業與職業，又或繼續當興趣就好。

最後，這也有可能會釋放你對系所選擇的壓力；在前面〈選
定有興趣的議題，開始關注〉一文中，你看到「解決花東地
區交通問題」的手段，與所對應的學群，是呈現網狀的關係，
而非一對一的關係，這意味著若你未來想從事某個工作，你
會有好幾個科系能選，不必被單一科系困住。

\# 把想像的工作變具體
\# 想當 YouTuber 其實不輕鬆

探索產業：
想像你的未來職涯

如前所說，某些產業與工作並不如你所想的美好，又或真的不適合你。接下來兩篇文，我們就要從「產業」與「工作」兩個面向切入，針對你想進入的產業，以及夢想中的工作進行較深入的探索。過程中所需的絕大多數資料，都可以在第 151 頁「資源補給站：這些網站帶你找職涯方向」中找到；此外，若你周遭有人從事相關產業，也可以請他協助！

首先，邀請你完成一份「產業探索表」，這當中有幾個重點：（第 157 頁：學涯設計單 ⑨：產業探索表）

- 從你鎖定的議題中，選出最有興趣或最想解決的一個問題。
- 用 Google 查一查，世界上有誰正在解決這個問題？寫下讓你印象最深刻、最吸引你的三個組織（人），並區分他們是哪一種類型的組織。

各類型組織

類型	例如	特色
營利組織： 公司、工作室	特斯拉、台積電、 天下雜誌	以營利為導向， 用自身的產品或 服務影響世界
非營利組織： 協會、 基金會、社團法人	Teach For Taiwan 為台灣而教教育基金會、 三創育成基金會、 One-Forty	也可以有收入， 但組織目的在於 實現公益使命
公部門： 各部會局處、 單位、中心、軍警消	職訓局、青少年發展處、 各級學校、消防隊	公部門也常擔任 資源統整與發放 補助的角色
個人行動家、 自媒體	葉丙成老師、台客劇場	可能有本職工作 或創立公司，但 個人影響力高

- 寫下他們吸引你的亮點？如做的事最有趣、想法或科技最創新、影響力最大、符合特定價值、外商公司……都是常見的亮點。

解決問題、發揮影響力的方式有許多種，當你知道哪些組織（人）正在解決你關心的問題，就能夠根據自己想要的生活方式，以及希望問題被解決的樣貌，去決定自己要走哪一條路；相對的，走每條路所需的能力都不同，在學校時的努力方向，也就會隨之不同。

舉例而言，若你希望解決的問題是：「城鄉教育資源差距，造成學生學習表現落差大」，你可以進入教育科技公司（營利組織）開發產品，讓偏鄉的孩子只要有電腦網路，就能享有資源；也可以接受 TFT 為台灣而教教育基金會（非營利組織）的教師培訓，親自去到偏鄉，身體力行，讓偏鄉孩子看到更大的可能性。

或者，你可以進入政府，從立法的角度為偏鄉的孩子爭取預算，呼召更多社會團體與公司一起幫助他們；更可以成為自媒體，拍攝相關影片或撰寫文章，讓更多人關注偏鄉孩子的需要……每一條路，都是在各自的崗位上，發揮影響力的好方法！

接下來，思考幾個關鍵問題：

- 如果你可以任意進入一個組織工作，你會選擇哪一個？為什麼？
- 他們在做的事，與你的天賦（能力、熱情、特質）有什麼連結？
- 看到他們的徵才條件（包含薪水）等，你有什麼想法？
- 你覺得自己還需要培養什麼能力或技巧，例如語言、程式設計？或需要考什麼證照？

在寫完「產業探索表」及思考完上述關鍵問題後，非常恭喜你！你已經在自主探索的路上，更前進了一步，對相關的產業也有了一些認識。你會開始對未來有更具體的想像，開始期待未來，甚至產生一些使命感，又或發現自己很適合、想更多深入認識；許多人也會發現認知落差，例如薪水比想像少，又或需要培養某些新能力，這些都非常好！

資源補給站 | 認識不同組織的人在做什麼？

人力銀行、組織官網、Yourator 新創職涯平台、社企流，或可在相關展會網站一次看很多廠商；更推薦各位能看看組織創辦人的訪談影片，一定會打開你的想像，甚至會被震撼或感動。

 # 你想如何發揮影響力

學涯設計單 ⑨：產業探索表

我最有興趣或想解決的問題是：

（參考第 146 頁所寫「仍待解決的問題」）

世界上有誰在解決這個問題，寫三個

組織名稱：　　　　　　　　　　**組織類型：**

他們吸引我的亮點是？

他們在做什麼事（產品或服務）？效果如何？

他們在找什麼人（能力或特質）？薪水多少？

組織名稱：　　　　　　　　　　**組織類型：**

他們吸引我的亮點是？

他們在做什麼事（產品或服務）？效果如何？

他們在找什麼人（能力或特質）？薪水多少？

組織名稱：　　　　　　　　　　組織類型：

他們吸引我的亮點是？

他們在做什麼事（產品或服務）？效果如何？

他們在找什麼人（能力或特質）？薪水多少？

選擇最想加入的組織，深入分析

會選擇哪一個？為什麼？

他們在做的事，和我的能力、熱情、特質有什麼連結？

我對他們的徵才條件有什麼想法？

我還需要培養什麼能力？

探索職業：
讓你對未來的想像更具體

在看完產業面之後，我們也要更細緻地來探索你「夢想中的職業」。產業探索會讓你看見 Why、看見意義，因為藉著組織（公司等），你將與一群人一起解決社會的問題、帶出價值；每個人都需要知道自己的生命在創造或改變些什麼，這會賦予你使命感與動力。

但「職業」與此不同，任何一個組織，都是由許多不同職業與角色構成的，一個職業也能身處於不同產業中；例如同樣是產品經理（Product Manager），在科技業與媒體業的生活就不同。在職業中你會看見 How，即個人如何在具體上貢獻群體，並以此謀取個人的發展。翻開你在第二章寫下的「現狀儀表板」，你也能找到一些端倪；有人對經濟狀態不滿，於是選擇高薪的工作，也有人因為身心健康狀態，而離開一些工作，這些都是不同的選擇。

這個階段非常重要，許多教授都表示，**在審查學習歷程檔案時，會看學生對未來是否有想法，而工作探索就能讓你產生**

非常具體的想法。同時，這本身就是一個非常好的自主學習計畫，你也會在分享過程中，得知進一步探索的主題關鍵字，又或很多意料之外的好用資源！

而探索方式也很多元，不只可以在網路上查資料，更推薦你找到真正在相關領域工作的長輩親戚、學長姐或專業人士，讓他們告訴你真實世界的樣貌；在右頁附有更完整、深入的探索問題集，可直接作為訪問的綱要，只要注意禮節，大多數人都很樂意幫忙的！

需要注意的是，在填寫「職業探索表」時，你會需要查閱一些探索職涯的網站（如 iOH 開放個人經驗平台，詳第 151 頁資源補給站），因為印象常常會失真，但真實的探索結果，會對接下來設計學涯、學習歷程有巨大的幫助。就像無論是哪一類設計師，花最多時間的通常都是與客戶溝通、報價並達成共識，而非畫圖。

現在，來完成「職業探索表」吧！可直接沿用前面產業探索的結果，或你原本就想做的都可以；如果想做的工作不只一個，可自己在空白處寫另一份哦！（第 163 頁：學涯設計單 ⑩：職業探索表）

資源
補給站　**向職場「前輩」請教，你可以這樣問**

一、自我介紹

_____您好，我叫_____，是_____的學生，很高興認識您！我很想了解_____領域，請問方便跟您聊聊嗎？

二、對方的發展路徑

1. 您的職稱是什麼？主要的業務是什麼？在解決什麼問題？
2. 是什麼促使您進入這個領域？怎麼開始有興趣的？
3. 您大學的主修，與現在的工作有何關連？
4. 在工作中，您最喜歡跟最討厭的事分別是什麼？
5. 這份工作如何影響您的生活？在時間安排、生活品質等方面。
6. 如果再來一次，您會走一樣的路嗎？還是會有什麼改變？
7. 請問您的工作，適合怎樣特質的人？

三、領域真實狀況

1. 您的工作需要什麼學位、背景、預備知識或技能？
2. 在這領域中，初入行的人通常擔任什麼職位？做什麼工作？
3. 請問這領域平均薪資大約多少？有調整空間嗎？（勿問對方的個人薪資）
4. 若要在您的領域成功，最重要的關鍵是什麼？

四、職涯發展

1. 這領域有什麼趨勢或關鍵字，或其他相關的領域，是我需要知道的？
2. 若我想有跟您一樣的職涯，您推薦我現在可以做什麼準備？例如讀什麼書、上什麼課或參加什麼組織？
3. 您會給想進入這領域的學生什麼建議？
4. 如果我想更多了解，您有沒有推薦什麼人，是我可以進一步聯絡的？

也許有人會覺得，探索產業、探索職業所談的離自己很遙遠，又或覺得「工作的事，大學以後再來想」；當然，對大多數高中生而言，距離進入社會，真的還有一段時間。但我相信在探索的過程當中，你一定會看見許多了不起的人或組織，也有很多最新的想法，讓你腦洞大開！自由想像不僅暢快，更會產生新的可能性；因為想得到，就做得到！

 #工作不是進大學再想

學涯設計單 ⑩：職業探索表

我最想從事的職業是：

_____

為什麼想從事這個職業？

_____

_____

與我的天賦、現狀或值觀有關嗎？

_____

_____

我的父母、親戚、學長姐或朋友中，有誰從事這個職業嗎？

_____

_____

關於職業本身

它主要在做什麼事？

_____

它的平均工時、薪水與工作環境如何？

_____

需要什麼知識、能力、技術或證照？（每項至少寫一個）

_____
_____
_____

關於後續規劃

若我想進一步了解這個職業，有什麼書籍、課程或資訊，是我能涉獵的？

_____
_____
_____

有什麼組織或活動，是我能參加的？

_____
_____
_____

選系前，
一定要知道的三件事

我該選校還是選系？「大一大二不分系」的意義是什麼？該讀文組還是理組？該先顧好課業，還是要花時間自主學習？這每一個問題，都困擾著許多中學生，網路上也充斥著各種說法，每一條路好像都有成功經驗，也能隨口舉出許多失敗的例子，實在讓人難以抉擇。

其實，比較真實的情況是，生涯並沒有唯一一條最高分的路，而是一連串照著天賦、現狀與個人價值而做出的選擇；也並沒有對照組，只有如何將這條路走得不後悔，並讓自己和這個世界驚豔。至於網路上的眾說紛紜，高中生已經是足夠成熟的年紀，在獲得充分資訊後，要選擇自己相信什麼，並能勇敢承擔。

文理融合是世界趨勢

在台灣，高中時期的第一次分流，就是社會組（文組）與自然組（理組）的抉擇，中間有許多常見的刻板印象需要反思。

例如：

（×）數學不好就讀文組、背科不好就讀理組

這樣想也許能撐過一、兩年，但到大學基本上就會破功。無論文組或理組都有許多原文書，就算是理組也有許多定理、公式、名詞需要背記；而文組無論是商管或社會科學領域，數學都扮演了重要角色。

（×）文組出路少且低薪、理組出路多且高薪

這說法並不整全。台灣有許多享譽全球的科技大廠，因此特定科系的起薪的確較高，但也有許多理組科系，在台灣的就業市場並不大；同樣的，文組也有許多相對高薪的職業（如律師），商管科系也有許多機會。

其實，在世界的趨勢中，文理不是相斥、而是融合，因為**未來人才需要有「文科心＋理科腦」，來解決真實世界的複雜問題**。例如，記者過去被認為是文組工作，現在也出現了「數據記者」（Data Journalist），要能解讀許多數據，更要能寫出有溫度的報導；工程師常被認為是理科工作，但若是從事環境工程，不只需要工程專業，也需要關懷人文生態環境。

但不用擔心！世界與職場足夠寬廣，只要「心意更新而變化」，發揮強項、面對弱項，一定能找到最適合自己的路；

在台灣，有超過 10 所大學推出「大一大二不分系」的選項，讓學生有更多探索的空間，更是貼近未來人才的樣貌。

未來更需要自學力

在疫情席捲全世界時，線上學習被迫開始大量發展；而從 2021 年 5 月 19 日開始，全台灣也因為疫情「全國在家上課」。這段時間中，不僅全世界線上教育產業迎來爆發式成長，學生的程度分布也快速 M 型化，而造成發展差異的關鍵，就是自學能力，其中也包含了對各類資源的掌握及運用力。

如前述，知識更新的速度越來越快，而教材與制度的變革相對緩慢，人人都需要有自學的意識與能力，運用實體與線上各種方式，讓自己能跨出課本與校園。因此，學校的自主學習計畫，不只是為了滿足學習歷程檔案，更是幫助學生用最少的成本，培養最受用的能力。

文憑和能力都重要

若你瀏覽網路，一定會看到「學歷、成績有沒有用」的相關爭論；雖然每一種說法都其來有自，但「文憑和能力兩者都重要」會是更整全的說法。若單看不同學校提供的資源與校

友連結網，無論你想往任何領域發展，去到頂尖的學校，都會有非常實際的幫助。舉例而言，台大提供的國際資源非常多；許多媒體產業的關鍵人，都畢業於世新大學；科技業一定要看清大、交大與台科大、北科大……文憑不只是一張紙，所帶來的也遠超過「名校光環」，還有更多實際的資源。

在職場中，的確有些企業人資以「學歷」為第一關篩選標準；但全球前十大企業中（如 IBM、Tesla、Google）有不只一位高階經理人就曾表明，大學學歷在應徵時「並非必要」，仍需要證明自己有能力完成工作，也有越來越多企業採用這樣的想法。因此，文憑與能力都重要，是較為真實的觀念。

綜合以上所述，要預備自己「Ready for the Future」，課本內的知識已經不夠了！《天下雜誌》在 2021 年 11 月的報導中提到，「傳統由老闆、人資發起的課程跟不上需求……導入數位學習系統，喚起員工自主學習的動能，是我們想倡導的。」對學生而言也是如此，讓課堂中所學、所探索的成為開始，引導你更深、更廣的學習。

文組理組不再是二分法
自主學習計畫不只是為了升學

選出科系，
建立你的學習組合計畫

這篇應該是許多人最期待的！如何選出適合自己的校系？我們要從兩個角度思考，第一是順著前面產業和職業探索的結果，什麼系跟你想做的產業或工作最接近？就往該系前進；第二就是你的意願，你原本想讀什麼科系？在探索過程中，有沒有發現更適合你的系所？

而要達成目標會有一些門檻，例如採計科目有哪些、學習歷程可以放什麼……在探索完畢後，你會具體清楚地知道下一個階段的目標，以及自己現在可以做些什麼？

選擇科系時，你可以運用許多科系探索的資源，或上網搜尋「認識大學 18 學群」關鍵字，多多瀏覽之後，選擇出最適合自己的。

資源 補給站　**認識大學系所看這裡**

- **網站**：大學問、ColleGo!大學選才與高中育才輔助系統、iOH 開放個人經驗平台、Mentor門拓一站式學習平台、104升學就 業地圖、TUN大學網、各大學開放式課程。
- **Podcast**：玖零柒nine_o_seven、進擊的職人Enter To WIN。
- **線下**：各大學科系營隊、啟夢教育一「系統化」科系探索、 EDC專長探索中心、WeTeach生涯導師計畫。

接著就可以根據你選出來最相關的 1-3 個科系，開始規劃設計高中階段的學習組合。（第 176 頁：學涯設計單 ⑪：學習組合計畫表）

在前一篇文章中我們提到，要預備自己「Ready for the Future」，課本裡的知識已經不夠了，因此，在規劃設計自己的學習歷程時，要結合校內校外、線上線下、國內國外的資源，建立出「學習組合」；目標是取得所需的能力，並用 Low Cost MBA 的概念，做更好的財務運用。如果未來遲早都要這麼做，那不如現在就開始，對嗎？

你在「學習組合計畫表」所寫的內容，就是可供選擇的元素，每一項都有很明確的導向性，都一定能幫助到你；而每一項

的後方都有一欄「所需費用與時間」，請在查資料的同時一併填上，每個人的金錢與時間都是有限的，完整的資訊能幫助你做出更適合的選擇。

找到幫助你的 Mentor

在這個表中，最後一項「我可以找哪些人當 Mentor（生涯導師）」特別容易被忽略，或我們常常很怕「麻煩別人」；但我認識很多已出社會的人，都非常願意成為 Mentor，提供資源與建議、幫助學生找到方向，又或提醒他們遠離自己走過的冤枉路。除了有許多真實資訊是網路上查不到的，Mentor們一路走來，累積了許多經驗與人脈，都能跟學生們分享。找到一個願意傳承的好前輩，勝過自己摸索好幾年啊！

想要找到 Mentor，你可以從以下幾種人切入：

1、輔導老師或各科老師：在所有人當中，老師可能是最了解你學習狀況、個性與心理狀態，也是最了解升學制度與各類資源的人；他們也輔導過許多人找到自己的方向。當你開口詢問老師，在老師那邊，有高機率能得到完整的幫助，甚至能幫你連結到一些學長姐。

2、畢業後進入相關領域的卓越學長姐：比起老師或老闆，學長姐與我們年齡更接近、成長環境更相像，也更願意說一些平衡資訊，包含產業或科系的黑暗面。只要有禮貌，許多學長姐都非常樂意幫助學弟妹、回饋母校。

3、爸媽、親戚或爸媽的朋友：這是最容易被忽略，但可能是最毫無保留幫助我們的一群人。他們不只與我們「有關係」，本身進入職場的時間也足夠久，可能已經在擔任主管；雖然就業環境不太相同，但他們往往很樂意用自己的人脈與資源，去幫助年輕人。在我的經驗中，當我們開口詢問爸媽，不只有可能得到幫助，更有益於建立親子關係喔！

4、各領域專業人士：除了實體組織，現在更有無數的網路社群，能提供你豐富的學習資源，當中也有許多人可以成為你的 Mentor；只要帶著禮貌、勇敢開口，就一定有機會，甚至可以跟他們持續分享你的進度，維持關係喔！我有位裝修業的朋友，專業是結合室內設計與老人長照，市面上非常少有；有位大學生正好主修長照，又對裝修有興趣，雖然不認識對方，但仍然鼓起勇氣聯絡了他們，在相談幾次之後，就成為了他們的正式員工！

填寫「學習組合計畫表」時，你可以參考右表列的學習資源

清單。當中我特別想提的是學校官網；許多同學不看學校官網，我高中時也是，但這其實非常可惜！比起外面的機構，學校提供的活動或資訊，往往更符合本校學生的需求，費用也更低（有的免費）；甚至有些學校還會幫學生爭取各種活動的保障或推薦名額，讓你有更高機會參加熱門活動。

學習資源清單

	線上	線下
校內	· 各高中或大學系所官網或社群帳號 · 各處室（教務處、輔導室）網站資源 · 教育部：因材網、酷課雲、各縣市教育局資源	· 各處室與大學校系營隊、講座或課程 · 學生自主學習計畫 · 各類論壇：青年城市論壇…… · 教育部：作伙學……
校外	· 開放式課程平台：均一教育平台、台大開放式課程、Coursera、Hahow、Mentor 門拓、ewant 育網、47 雲端輔導室 · 學習平台：PaGamO、Snapask、VoiceTube · 各大媒體：天下雜誌系列、經濟學人、台灣吧 Taiwan Bar、PanSci 泛科學…… · 社群媒體：各大 YouTuber、IG 學習與讀書帳（如隔壁班的阿丸、凡鳥手札、爆學力）、Podcast 帳號 · 活動講座平台：TEDx、高中生資訊網、Accupass 活動通	· 各類競賽、檢定、證照 · 各組織活動：城市浪人、爆學力、WeTeach、嗨 School！、啟夢教育、Lead For Taiwan、ONLY 實驗教育，或許多在地機構與地方創生資源 · 各大學系所營隊 · 各學會年會（有些開放高中生旁聽） · 各種實習或打工

可以想像的未來

也許有人會擔心，花時間做校外學習，會不會壓縮了原本讀書的時間？其實時間本來就是有限的，當你能想像未來的樣子，動機一定會提升，方向也會越來越準確、少繞遠路；這樣，是否會比原來的進度更好呢？若找到了比原有更適合的資源，成績是否也能進一步提升呢？

我曾帶過一位自然組高中生、家住淡水，每天要花大約 2 小時通勤來回台北市上課；若能減少塞車，將解決很多人的問題。而她從自己的經驗中發現，塞車常出現在路口處，原因之一是用路人都在此轉向或變換車道；如果能依據各自的目的地，協調彼此動作的時機，就有可能解決塞車的問題。

在查找資料後，她發現「智慧交通」是全世界的趨勢，能增進安全、分析與改善路況，且將改變用車、用路模式，產業前景相當好！而在產業相關的工作中，她想成為一位工程師，非常需要程式編寫（Coding）的能力；因此她不只決定大學往電資學院的電機、資工系或土木系發展，更要提前預備自己寫程式的能力。

原本她最直觀的選擇，是在外面的補習班學寫程式，但一查資料發現，學費居然高達十萬元，超過自己所能負擔；後來

當她查找學校的課程，發現學校原來有同樣的課，加上一些線上資源，學費只要數千元，而且學習時間更自由。

這就是學習組合的意義！只要做點功課，就能找到更適合自己的資源；而每一個項目，也都能發展成多元自主學習的方向或主題，因此這張表的結果超級重要，不只是完成下一章的必備元素，到大學以後都還可以用哦！在個人申請階段、撰寫讀書計畫時，以這種多元的概念規劃自己的大學 4 年，會更貼近趨勢與現實，也更容易脫穎而出！

課外學習不是浪費時間
盲目前進才是

學涯設計單 ⑪：學習組合計畫表

根據產業和職業探索的結果，我想做的工作是：

這個工作需要什麼能力、知識、技能或證照？（每項至少寫一個）

如何滿足以上需求？	所需費用與時間
最相關的1-3個學系是什麼？分別有何相關？ 1. 2. 3.	
我的學校提供哪些相關資源，例如選修課程、活動或社團？	
我可以去讀哪些書，例如教科書或雜誌？	

如何滿足以上需求？	所需費用與時間
我可以參加哪些組織的活動，例如某協會的講座或營隊？	
我可以追蹤哪些網站，或收看哪些線上課程？	
我可以追蹤哪些社群帳號，讓自己持續了解相關領域？	
我可以找哪些人當Mentor，例如家人、老師或學長姐？	

（可參考學習資源清單）

想進 ＿＿＿＿＿＿ 系，
「我還缺什麼？」

在填完前一篇的「學習組合計畫表」之後，你一定會對「學習」有了更寬廣的想法，知道有許多方式，能幫助你成長，這些是必須的。和你想做的工作「最相關的學系」，可能不只有一個，現實狀況也是如此；但談到選系，一個人還是只能選讀一個呀！

因此接下來，我們要針對其中一個科系，做比較深入的探索；除了系所的未來發展，也會觸及大學的上課內容，以及各自的入學門檻與選才要求，都是非常具體的。因此在這個階段，你會需要善用科系探索網站的資源（詳第 170 頁「資源補給站：認識大學系所看這裡」），查出確切的資料並記錄下來，這會幫助你所有的準備更有方向。

接著，依據這些資料，並對照現況（特別是成績），讓你寫出所需採取的行動；畢竟成績不只是升學的第一關，提升成績並非一朝一夕，所有的工作也都需要充足的基礎知識，才能做得好！

而為了確定期待與現實相符，也要請你看看系所課表與開放式課程網；但重點並非現在要學會課程的內容，而是**你會看見自己將把最多時間花在學習什麼事物？這是否是你真的想要的？又或是否有價值？**

至此，我們走過了很長的一段路，也許是你第一次思想這些，短期間可能看不出成果，從長遠來看卻是必須的。但無論如何探索，你可能都還是覺得「怪怪的」，畢竟在做選擇的時候，理性（合理）與情感（想要）都很重要；因此在填寫「科系探索表」時，你可以選擇前一篇文所挑選出的科系，也可以探索你「就是想要」的；當然，能都做是最好的！

若你還是完全沒有想法，或是已經要選填志願、來不及探索的人，別擔心、也沒關係，這邊提供一個切入點：從具有公信力的組織所提出、帶有未來性的關鍵字來選擇相關系所；畢竟照著趨勢選，總好過只是看名字，或跟著眾人選！

- **聯合國 SDGs 目標**：在社企流網站上，幫高中生整理了每一個目標的相關學群，可參酌議題探索的邏輯，直接選擇有興趣的學群或學系。
- **PwC 2030 關鍵字**：創新、企業為王、企業社會責任 CSR、以人為本。

- **國家發展委員會台灣四大趨勢**：數位／智慧化、高齡化、
服務化、綠色化。

現在，鎖定一個科系，打開 Google，上該科系系網或大學
問等網站，查詢課表、學程等資料及入學需求（一階採計哪
些科目？二階甄試項目有哪些？可以參與哪些競賽或事務？
可以參與哪些社團、活動，或針對什麼主題進行加深加廣或
自主學習？……），並且寫下來。（第 182 頁：學涯設計單 ⑫：科
系探索表）

你已完成 90%的探索

在這階段當中，你可能會遇到兩個主要的問題，首先是關於
「自主學習」；我該如何取捨學習資源，並安排自己的時間？
學校有開放申請自主學習計畫，但每個學校的方式不同，是
否有通則可循？這些都是非常實際的問題，將在之後的文章
中回答。

第二個問題則是「想讀國外大學怎麼辦？」如果你會在台灣
完成高中學業，那麼差別並不大；但依據目標學校的不同，
會有各種需求，你一樣需要參考學校的官網來完成。而找到
資源的方式也如上所述，並無太大差異，但特別可以找各國

華人的社群，裡面會有許多熱心的人；如經濟許可，也有很多顧問或代辦公司，能給你更專業的建議。

但對大多數人而言，國外大學所費不貲，不如台灣的大學便宜，在經濟方面就需要與家人討論，也可申請獎學金；又或現在許多大學都與國外大學締結姐妹校，學生能付台灣的學費就達到出國交換的目標。因此先進入台灣的大學，再爭取出國交換，也是一種選擇；無論如何，提早做規劃都是好的。

再次恭喜你！當你完成這張表，就代表著你親自完成了本書中 90％ 的探索，也取得了基本足夠的資訊，能支持你經營一段充滿想像與動力、自主成長，並導向未來的學涯；雖然我們周遭的世界天天更新，我們自己也常常改變，但當你知道了方法論，並建立了健康的心態後，就不會害怕改變。

剩下的，就是做好規劃，然後開始實行了。

學涯設計單⑫：科系探索表

校系綜觀

我想上哪間學校、哪個科系？（該系若有分組別，也請明確寫出）

_____

本科系是屬於哪一個學群？學習內容的重點為何？

_____

請勾選：

☐ 我已看過學校校網，知道學校發展方向與校內特色組織

☐ 我已看過該科系系網，並看過課表

☐ 我已照課表內容，查閱開放式課程網，並看過1門以上相關課程

這所學校在哪些領域，有特別豐富的資源或成就？

_____

_____

這所學校、所屬學院與科系，有哪些資源、學程或活動很吸引我？

_____

_____

這個系所一般需幾年畢業？學雜費總共多少？

_____

_____

入學需求一成績

我預計使用哪一種入學方式？

一階採計哪些科目？是否有加權？

若進入二階，甄試項目有哪些？

在我的各科成績中，可能有哪些需要加強？我會怎麼做？

入學需求一學習歷程

我可以參與哪些競賽或事務？

我可以爭取哪些特殊成績表現？（資優班、外語能力測驗、各類檢定）

我可以參與哪些社團、活動，或針對什麼主題，進行加深加廣或自主學習？

（可參考前一篇的學涯設計單11：學習組合計畫表）

專訪山岳網紅「雪羊」黃鈺翔

喜歡的事持續做，
終究會擁有自己的專業

知名山岳作家、攝影家、講師黃鈺翔經營「雪羊視界 Vision of a Snow ram」粉絲專頁多年，目前有 12 萬追蹤者。因著對山林的熱情，他從台大森林系畢業後，一頭栽入各種山岳領域的工作。而為了讓自己兼具流量與專業，後來又進入新聞所進修，希望擴大對社會的影響力。他的經驗證明了，社會需要各種技能，當你能把一個技能做到專業，機會就會來找你；「社會影響力」也不是只有在公司工作才能發揮，而是有著多元可能。

坤平：請鈺翔先跟大家介紹一下自己，以及你在做的事。

Interview

鈺翔:我是以網路發文為主的山岳作家,大學讀森林系,現在在新聞所進修。這條路從2013年第一次過夜的爬山行程開始,迄今已經進入第九年;當時,並沒有人在網路上為山岳發聲,於是我成為了最早在網路上評論山岳議題、分享相關知識的人。

起初開始創作的契機是,我在工作時發現,自己並沒有累積到太突出的能力,於是就開始想學一些創作性的技巧,「攝影」是我當時選擇的媒介。憑藉著自己的寫作與攝影能力,我在2015年開創了「雪羊視界Vision of a Snow ram」粉絲專頁,將山岳議題、風景與事物分享給觀眾;而隨著一次次議題與動人的故事,關注漸多,現已經有12萬粉絲,我很珍惜他們。

也許你可以說,雪羊是「站在屍體上的KOL」;我平常不隨便發言,但每當有重大山難,我總是要站出來,呼籲大家重視登山的安全,又或談談山林的真實樣貌與登山須知,是大家的轉發帶來了流量。至於我的社會責任,就是要讓山岳成為日常

生活的一部分，而不再只是書本或電影中的危險絕境。一直以來，台灣人離山、離野外還太遠；但拜新冠肺炎之賜，台灣人能更加認識自己的自然環境，台灣還有很多好玩又美麗的地方。

坤平：我很好奇，你是如何開始對「山岳」產生熱忱的？

鈺翔：考大學時，我的第一志願是生科系，因為我很喜歡自然與生命；但不只是在實驗室中研究DNA，而是生態環境中具象的一面，森林系就更加符合，我也因此跟「山」特別親近。畢業那年，我們在爬玉山、單車環島與泳渡日月潭三件事中，選擇了「爬玉山」作為畢業旅行；這些地方汽車到不了，但途中的美景深深打動了我，原來山林這麼美！隔年我又去了嘉明湖，雖然前半段都在下雨，但放晴後我看到了完美橢圓的嘉明湖，真的非常感動！原來我有能力在山中過夜，原來我能靠自己的雙腳，走到台灣的任何地方。

從那時候，我就瘋狂爬山，因為我想看更多地方、

Interview

想更了解這片山林的內涵，於是我開始了每個月至少上一次大山的生活。

坤平：你從什麼時候開始，漸漸把自己視為一個專業的人？

鈺翔：當我努力解釋「我真的還好」但卻沒人相信的時候，我只好努力讓自己變專業，然後承認自己的專業。我認識許多登山家，並不覺得自己有那麼專業；但在一般人眼中，我已經是他們所見最專業的人了。

另一方面是在國內，我都是靠自己爬山，只要有基礎知識，基本上你也可以做到；這也是我做登山教育的理念，只教基礎，又或學生提問題、我回答，其餘的你要自己練。因為我自己的成長，都是大量練習、不斷發問來的，在反覆試驗中，漸漸累積出個人特色，最後成為一個專業的山岳講師；這是我的歷程，我也希望學生是這樣。

我覺得現代人最欠缺的，並非全套技能，而是勇

氣！要嘗試才會知道自己哪裡不足、哪裡需要精進。我在跟布農族人一起上山後，才發現我們所想像的學習都太僵固了。我住石板屋，就好奇他們怎麼學會蓋的、有什麼規則？「長輩做、我們就跟著看啊！」這個答案讓我好像被雷打到，原來「照別人所做的去做」也是學習；做久了、熟悉了，再加上自己的東西，文化就會不斷累積進步。要等全部學完才開始做，就會很難開始，也會被框架框住、很難有自己的一套。

坤平：其實在工地也是一樣，師傅在做，學徒要好好看清楚。你剛剛有提到，自己的使命是「讓山岳成為日常生活的一部分」，而你現在是KOL，如何看待自己的角色？

鈺翔：說對社會有益的話，把正向的觀念、能被記住的知識，傳播給需要的人；在需要有深度的時候，我也能拿出深度來與其對話。慢慢推著台灣的山岳文化往前進，只要我有出力，在進步的路上，就會有我的一份。一個要改變社會的人，就得不斷做好自己的事，才有機會；雖然個人的力量很

Interview

小，但我有了品牌，就可以去影響人，在過程中讓文化得以前進。

其實我在大學畢業時，也不知道自己要幹麼，當時就是想進公司工作，有點錢就捐款，或買地保育自然；或是成為一個有影響力的人，以此阻止一些開發。後來創立了粉專、持續發聲，就累積了一些成果，也有些品牌廠商會來合作。**因為社會需要各種技能，當你把一個技能做到Pro專業的時候，需要的人一定會來找你。**懂技能的人未必可靠，但業主永遠在找可靠的人；因此當你有技能、有誠信、待人又謙和時，名聲很難不傳出去，根本不會缺工作。甚至會出現難以拒絕、有價值的工作，例如我現在跟家樂福的合作。

坤平：我們真的很希望學生們思考關於「社會影響力」的事，在公司工作是一種方式，但也可以考慮更多元，就像你一樣。想問鈺翔，你做過哪些努力，讓自己具備所需的能力？

鈺翔：我加強最多的除了攝影與寫作能力，其餘

就是邏輯思考與分析了。大家覺得我邏輯能力很強，其實是源於物理、化學等三類組學科的訓練；**在學校學的未必沒用，而是會用另一種「有用」的形式來呈現。**而透過不斷閱讀、認真經營感情關係，我看見了人性的衝突與碰撞，也看見美；透過專心生活，並共感他人的情緒，我慢慢變成一個比較有溫度的人，也能寫出有溫度的文字。

但到一個程度，也會發現自己無法再往前了，我就進了台大新聞所；透過李雪莉、梁玉芳、楊光昇老師的幫助，開啟了我在報導寫作方面的視野。「原來真相可以這樣呈現！」原來透過統整別人的話，我可以把一件事，用不同角度呈現出來，也讓讀者知道整件事如何運作；雖然未必所有事都能講，但比起只是一個人主觀闡述自己的看法，這會更有說服力。我期許自己要順利畢業，就能在有KOL流量的同時，也具備記者的專業與學歷；這樣我對社會的影響力，就是有經過學術認證的。

坤平：在過去的時代，一條路是讀書，不讀書就去做工；但現在似乎不再是二分法，我們需要有知

Interview

識，同時也需要在實作中應用。但許多人會擔心，是不是做生涯探索，就會疏忽了讀書；的確，在出社會之後，比較難再全心投入學習知識。你在建立能力的時候，一定也面臨過挑戰；你是如何克服的？

鈺翔：因為我的粉絲專頁一直以來都是無心插柳，我一直有其他工作，直到最近才找到商業模式，能專心以此為生。無心插柳的東西，其實不太容易遇到阻礙，加上我也沒有固定的規則，想寫才寫。但任何能累積的事、就去做，也許有天會成為你的本業！

坤平：這個概念很適合學生。現在非常流行「IG 讀書帳」，上面很多是手寫的筆記或心得，加上一些裝飾或排版；常看到粉絲破萬，還有業配、合作的。其實不只是讀書帳，透過媒體，大家都能連結世界，也都能累積一些東西。你下個階段想完成什麼事？

鈺翔：我對台灣登山界的願景是，希望國家能發

展林道與古道的觀光，甚至把日治時期的駐在所原地重建成山屋，展示所有的歷史；登山者能在這些從北到南、貫穿台灣的越林道中，看見全世界獨一無二的標的，是我們國家何等的驕傲！也是具有國家特色的登山文化，是有人文歷史與生命的健行之路。復興台灣的古道路，是我對自己的期許。

坤平：最後，請你給正在探索生涯的學生們一些鼓勵。

鈺翔：找件自己喜歡、也能累積的事，放膽去嘗試，並持續做，你終究會擁有自己的專業。假設沒有，那就到處玩、玩到有為止！找到自己的特色，不要妄自菲薄。

Interview 💬

專訪Reebelo台灣區總經理陳科翰

找到四件事的交界，
讓你成長有方向

30 歲的陳科翰，目前是新加坡商 Reebelo 的台灣區總經理，推動電子商品循環經濟。大學畢業後，從東南亞旅遊產品、AI 大數據行銷，到永續電商，他每一步的選擇都與全球趨勢息息相關，這樣的職涯發展，源自於求學時的多元經驗，且經常關注產業趨勢，讓他得以不斷突破。

坤平：科翰是我的高中同班同學兼好兄弟，請科翰跟大家介紹一下你現在的公司。

科翰：Reebelo是一家總部在新加坡的新創電商平台，目前在新加坡、馬來西亞、紐澳、香港與台灣都有據點，台灣是第六個市場。我們透過提供整合二手、翻新或非全新電子產品的電商平台，

希望改變亞洲消費習慣，減少電子垃圾和浪費。無論是手機、電腦、Apple Watch到GoPro等各類3C產品，在我們網站上都有販售。

過去消費者購買二手3C遭遇的痛點是，必須到實體店面看、產品品質不穩定、各廠商的敘述跟分級都不同，因此缺乏保障；但我們提供了完整的產品分級服務以及售後服務，包含14天退換貨的機制，讓消費者可以有更好的消費選擇與體驗。其實這樣的模式在歐美已經頗為盛行，但亞洲大多數人還是覺得二手沒有保障、喜歡購買新機；然而這樣的模式，卻會造成大量的電子垃圾，對地球是很大的傷害。

因此，我們希望改變消費者的心，除了提供好的消費體驗，每成立一筆訂單，我們都會種下一棵樹，也會計算我們為地球省下了多少電子垃圾等。透過這些，我們希望讓消費者認知，二手商品的品質未必不好，而是可能既便宜又符合需求。

目前我負責台灣區的建立與營運，因為團隊還不

Interview

大，所以我從公司設立、合作洽談等各方面，都必須兼顧。

坤平：那你等於什麼都要會！你是如何在有限的時間中，讓自己具備如此全面的能力呢？

科翰：在剛出社會的時候，工作內容一定會比較單一面向，例如以前在KKday，就是做商務開發、談供應商，但其實組織內還有很多面向，例如數位行銷、新創募資、品管等，就需要主動找機會去碰、去嘗試。後來我在Insider擔任B2B的業務，接觸到很多不同產業的客戶，從能碰得到的人與資源當中，就能找到許多學習的機會。

坤平：我覺得在每個階段、無論扮演什麼角色，都提升自己的某種能力，這件事是很重要、且很有趣的。我也發現你從在KKday負責東南亞區的產品策略、在Insider負責AI大數據行銷，到Reebelo的永續發展，好像都與一些全球趨勢或快速發展的地區相關；而學生在選擇未來科系或工作的時候，也會想要與趨勢有關。想請問科

翰，你是刻意選擇這樣的發展路徑，還是自然而然就發展成這樣了？

科翰：談到工作，我覺得最首要的，就是看產業本身的趨勢，是否是成長趨勢、必需品？抑或是夕陽產業？其次是公司本身的發展，它在這個產業中是領先角色嗎？產品和服務定位為何？第三看團隊，主要就是老闆和管理階層的願景與能力；最後則是我所做的事，生涯初期會關注自己能學到什麼，現在會關注所做的是否是我喜歡的、想要的、發展空間更大的，或能累積個人價值或里程碑。

坤平：我想很多人也會希望像你一樣，能不斷成長與突破。但有許多學生問過我，無論是學校課業、自主學習或其他事，常會碰到不喜歡或不擅長的；想問問科翰，在你接觸過這麼廣泛的領域中，一定也有不喜歡、不擅長的事，你都是如何面對挑戰、讓自己成長，以致於有好成果的？

科翰：我認為在工作或職涯上，你要找到四件事

Interview 🗨

的交界：**你擅長什麼？你對什麼有熱情？你如何
賺到錢？對社會有什麼貢獻？**如果能找到一件
事，你既擅長又喜歡，能賺到錢又能對社會有貢
獻，這是最好的；當然這每個人都不同，也不一
定能很快找到。因此對學生而言，最重要的就是
多嘗試；雖然大學時，我不是每科都很認真，但
打工、實習、出國交換、社團的經驗，對我幫助很
大。盡量去探索，就會慢慢找到自己喜歡與擅長
的事物。

**找到一個Mentor是很重要的，可能是學長姐，又
或打工時認識的社會人士；**現在網路社群也很發
達，例如在XChange就有各類型的人才，可以幫
助你更快認識世界。但探索並不是說一個工作只
做一年，而是要給自己一段時間，並且設定階段
性目標；如果沒有目標，就只會看薪水，無法思考
工作的意義到底是什麼。

至於面對不熟悉、不擅長的事，其實需要用長一
點的時間軸來看；很多人會感到失望或低落，是
因為沒有一個整全的藍圖。假設有五個人上台簡

報，你是其中講最爛的，你並不需要為這一次失敗而沮喪；如果你的目標是「簡報能力要變強」，設定三個月的練習，並定時找Mentor幫你檢視，就會看見自己的進步，會有信心。所以重點不是與他人比較，而是設定目標，並持續追蹤自己的進步。任何事情都是如此，不以單一時間點的成果來斷定或比較。

坤平：一旦有了目標，就比較容易克服過程中的不喜歡與不擅長；而發現自己進步的成就感，會支持你持續往前。剛剛你的分享，我其實很感動，因為本書中正好也提到了能力、熱情、議題與產業這四點，不謀而合啊！

最後一個問題是：如果你今天遇見了高中時的自己，會鼓勵他什麼？或給同學們一些建議。

科翰：不要自卑、不要自大，也不要焦慮；制定一個目標，然後去實行。**無論是讀書計畫、社團或課外活動，就是把規劃做出來，定期檢視，然後調整**，這是其一。其二就是多嘗試不同的東西，無

Interview 三

論是主動想做或被迫做些什麼，都可以去嘗試，最好不要順著自己的「不喜歡」而不做。

人生就是長期抗戰，不用因為一次失敗而沮喪；高中做不好的，大學補回來，大學做不好的，出社會後補回來，重點是你的計畫或執行力。你30、40歲時的成功，靠的是你15-25歲時的努力，並不只是高中三年，所以慢慢來！

CH 4

現在通往未來

——規劃為你加分的「學習歷程檔案」

這一章，我想告訴你的是

目前對於學習歷程的介紹，多半聚焦在工具面，但我更想提供一些思考方向和操作心法，讓學習歷程可以真正成為幫助你通往未來夢想的利器。在本章，我們不只會與你一起規劃一份專屬的「三年學習歷程計畫」，也要幫助你掌握自主學習的關鍵能力，並學會撰寫反思心得。

旅行需要規劃，
中學之旅當然更要規劃

想像今天你得到一張旅行券，可以自由去任何地方玩三天！你可能會開始查資料或問朋友，哪個景點非去不可、哪間餐廳什麼好吃；待找好全部資訊後，就會開始規劃行程，預算多少、交通方式、幾點出發不塞車、訂餐廳……都是為了在這三天中，能有最好的體驗。

也許你我都同意，若一趟三天的行程都要規劃，那這此生僅此一趟、長達三年、影響一生的中學之旅，更是一定要好好設計。我們也都同意，若只是「隨機前行」，很可能會浪費許多時間，更錯過許多極好的機會，徒留遺憾。

在現行考招制度中，個人申請備審資料的繳交項目中，有一項「學習歷程自述」，內含「自傳」與「讀書計畫」；這雖然重要，卻常常被疏忽，怎麼說呢？

學習歷程要能佐證自傳

首先，自傳的重點在於「闡述申請此科系的動機」，為什麼在眾多科系中，你想上這個系？這當然不只是憑空編出一篇故事，而是要以自己的學習歷程，即所選過的每堂課、做過的每個報告、曾有的每個體驗與反思等，去佐證自己的自傳。

例如發現自己不只喜歡動植物，更在做生物實驗時，發現對動植物的身體構造非常有興趣；不只自主學習過開放式課程，更在科系探索時發現生科系的課程內容，能幫助自己進一步了解，因此想就讀生科系。在這個案例中可以看到，想讀生科系不是憑空說說，而是從個人興趣（喜歡）、經驗反思（實驗時發現）、自願的額外投入（自主學習）或探索結果，無論從哪一個角度，都能看見越來越清晰的方向。

而讀書計畫的關鍵，在於預先規劃「大學四年的學習歷程」；除了需要對科系教學目標、系所課程與資源，以及畢業後出路有一定程度的了解，更要有能力做出合理規劃，讓自己成長。「做規劃」是需要藉著練習而得的能力，若能先從框架相對清楚的高中三年練習起，在面對自由度更廣的大學四年，才能規劃得更如魚得水。

因此，回過頭來，前面提到的「疏忽」並非指同學對此不在意，又或文筆不好、寫不出自傳，而是因為自傳的繳交時間，是在升大學之前，已經是高中生活的末端，當你回頭看，若前面兩年多都缺乏規劃，就很難從每一步中看出方向，也難以具備產出長遠規劃的能力。畢竟當我回想自己的國、高中時期，就發現對中學生而言，想學、想玩、想體驗的東西太多，就是時間最少；如果因為沒有規劃而錯過了什麼，多麼可惜！而學習歷程規定每學期上傳，就是希望幫助同學隨著時間、一步步成長；那麼，顯然就不能只顧好當下，而是要做三年總體的思考了。

這樣聽起來，有規劃就會順利嗎？事實很有趣：是，也不是。

生涯探索是充滿未知的行程

我沒開玩笑，真的！因為生涯探索並非「從台中搭車直達台北」此類點到點、可預測的行程，而是充滿多種可能性、會變動、會失敗，但長遠來看卻有方向的旅程。雖然書中的章節有順序，邏輯也的確如此，但實際操作起來，卻可能需要反覆繞圈圈，甚至最後會有點糟……但你不必擔心，因為在這個過程中，你在不斷追求卓越、能力會不斷成長，每天也不斷有新事發生，或出現新的挑戰，這些都可能影響你的方向。

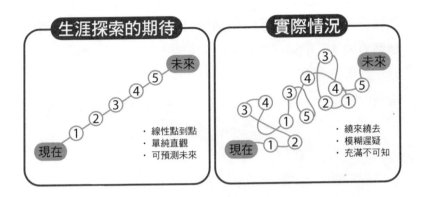

那麼，難道沒有除錯、定向跟增加效率的方法嗎？有的！就是「反思」與「自主學習」。反思（Reflection）是一種藉著問題聚焦自我、探索內在狀態，以能持續精進自己的學習方式；而自主學習則是在真實世界中，大多數學習進行的方式。

許多人可能會覺得，「規劃、自主學習、反思」就是三件事，難以放在一起思考；是的，從制度上來看，它們可能是三份不同的文件，但同時也都是「幫助你到達目的地的手段」！當我們藉著探索自我（第二章）看見現在，也藉著探索世界（第三章）來定準未來方向，會發現從現在到未來之間的學涯，不只要走過一段水平的距離，連高度和視野都有很大的不同。

而在三種手段中，**規劃能指出旅程中的步驟；自主學習好像**

遊戲中的「加速道具」，增加你前進的速度；反思幫助我們調整方向。若能這樣想，並抓到每件事的關鍵意涵與方法，就能釋放一些作業的壓力；因為實際狀況中的迷惘與繞路，都是可預知的，當你真的遇見時，就只管勇敢前行。

因此在本章，我們不只要與你一起規劃一份專屬的「三年學習歷程計畫」，也要幫助你掌握自主學習的關鍵能力，並學會撰寫反思心得。

自傳不是編故事
把學習計畫、自主學習、反思
　心得放在一起思考

用 OGSM 思維，
設計學習歷程

在建立規劃時，最重要的就是目標與手段要合一。其實，生命就像在寫一篇很長的作文，能不能扣準主題、首尾呼應很重要，學習歷程也是如此；因此，在高中三年生活中，時時確定自己正在往目標前進，並且滾動式調整，也非常重要。

許多企業為了精準達成目的，會採用「OGSM 一頁企劃書」作為工具；OGSM 指的是 Objective（目的）、Goal（目標）、Strategy（策略）與 Measure（衡量），每項都有具體的設定方式，最重要的是：它很簡單！由於企業追求效能、省時、省錢，因此需要一目了然的具體時程與執行計畫；而許多學生也很忙碌，還對許多事物好奇、想更多探索，但同時需要時間休息，因此當我們把同樣的思維運用在學涯上，會幫助你目標清楚、少繞遠路，並省下大量時間。

惠文高中的蔡淇華老師曾說過：「學習歷程就是說一個有趣的故事，讓教授知道你是誰。」這份「OGSM 企劃書」就是

你預先「設計」了自己的人生，且並非天馬行空、無章法地亂想，是根據探索自己與世界的結果，所做出大膽、合理，且有未來性的想像；並且把未來升學所需預備，以及現在所需做的一切事，都一併放到了這張表中，非常整全。以下來看看 OGSM 的說明，並以一位希望「成為有能力改變不平等的社會創業家」的學生為例，讓大家更清楚明瞭。

給學生的 OGSM 企劃書

1、最終目的（O）：當我成功時，看起來像什麼樣子？	
想像自己在 22-25 歲時，會成為一個怎樣的人？有哪些特質、能力、在什麼領域、做什麼事？（可參考第 2、3 章）	舉例： 我想成為有能力改變不平等的社會創業家。
2、階段性目標（G）：具體來說，我想完成什麼目標？	
包含短、中、長期的具體目標，主要由動詞＋名詞＋時間組成、符合 SMART 原則^(注)，且必然對準最終目的。	舉例： 1. 大學考上社會系，並修習創新創業學程。 2. 課業方面：從現在到高三上學期，提升國文、英文、社會科成績，至前標以上（根據台大社會系官網公告的選才標準）。 3. 高一開始增進對不平等議題的認識，並增進相關知識。 4. 高二時開始參與相關社會行動，改變台灣社會中的不平等。 5. 高二時進行學涯探索，清楚選校選系方向。 6. 高三時進行職涯探索，了解未來職場可能性。

3、達成策略（S）：我要用什麼資源來完成自己的目標？

以目標為導向的資源使用策略，通常包含人、時間、金錢等5W2H內容。可以在每學期，都依照校內校外、線上線下的方式，規劃自己的時間；並可盡量使用低成本的方式。

舉例：
1. 在 VoiceTube 上學習英文，並在高三通過英檢中高級。
2. 加強國文，特別是寫作能力。
3. 除學校的社會科外，也選修相關加深加廣及多元課程，或線上開放課程。
4. 參與相關校外講座，並閱讀相關書籍與網站，認識台灣新住民族群與議題。
5. 參與學生會，發起對學校新二代友善的行動。
6. 參與新住民相關活動志工，實際與新住民交流、認識並服務他們。
7. 經營一個 IG 美食帳，每兩週報導新住民美食，讓更多人認識新住民文化。
8. 與三位「社會與心理學群」學長姐對談，或參加相關科系營隊。
9. 與領域中的社會創業家對談，或參與講座。

4、檢核標準（M）：是否照設定的路走，也常檢查是否迷路？

是一份行動計畫表，依照時間與內容清楚地列出，並留有調整空間。

下一篇文章，會引導同學製作「高中三年時程規劃表」，作為行動計畫。

注：SMART原則為「設定目標」時的五大重要元素，分別為Specific（明確的）、Measurable（可衡量的）、Attainable（可達成的）、Relevant（相關的）、Time-based（有時限的）。

試著寫寫看自己的「OGSM 企劃書」吧！好消息是，當中所需的元素，在前幾章都已經預備好了，只要翻到前面，把每章的成果照著原則彙整一下，填進表中，就完成了。（第212頁：學涯設計單 ⑬：我的 OGSM 企劃書）

往目的前進

當你列出 OGSM 中的前三項內容：「最終目的」、「階段性目標」、「達成策略」，就可以很簡明地看見彼此的關係；這時候你可以用「唸唸看」的方式，重新檢視一下，前後邏輯是否相通？例如上表中該學生所寫下的內容，邏輯就有前後呼應。

我想成為一個有能力改變不平等的社會創業家（O），因此我大學時希望考上社會心理學群的科系，並從高中就開始接觸相關議題與活動，深入了解社會真實的現況（G）。

根據台大社會系入學標準，在課業方面，我特別需要加強自己的英文，並在社會相關領域加深加廣學習；而多元學習方面，我想關注新住民議題，因此以經營新住民 IG 美食帳來切入，並在校內學生會發起「關懷新二代」的活動。同時，在課餘時間，我也會在校外參與相關活動志工，讓自己更認識

社會上容易受不平等對待的新住民族群（S）。

在邏輯上呼應，是非常重要的。許多人在面試時，都會被問到「為什麼想上這個系？」你會需要有一個明確的最終目的，同時需要有合理的手段，而「上大學」就是手段，而非目的。**你是藉著上大學，而成為自己夢想中的人，做到夢想中的事；你在高中時期所做的每件事，就是你的學習歷程，都會成為相關的印證。**

以上脈絡，是出於一位真實學生的歷程，她從議題探索——SDGs 第 10 項「減少不平等」開始，鎖定了一群有需要的人（台灣的新住民），找到了從職涯解決問題的方式（社會創業），並回推到自己在大學、高中想專注學習的領域，也為自己設定學習內容；既是目標導向，兼顧了學科的課程學習成果，多元學習也很具體有趣，學習歷程想必能相當充實。當目標和策略清楚後，就需要行動計畫了。翻到下一篇文章，來完成「高中三年時程規劃表」！

\#面試必考題：為何想上這個系
\#夢想和學習歷程要邏輯相通

學涯設計單 ⑬：我的OGSM企劃書

1、我的「最終目的」：（簡述未來想成為怎樣的人）

_____

_____

2、我的「階段性目標」：（包含短、中、長期具體目標）

_____

_____

_____

3、我的「達成策略」：（通常每個階段性目標，會對應一項達成
策略）

_____

_____

_____

4、我的「檢核標準」：製作「高中三年時程規劃表」（學涯設計
單 ⑭）

把三年要選的課和活動，做成行動表

在上一篇文章，我們寫下了 OGSM 企劃書的前三個步驟：「最終目的」（O）、「階段性目標」（G）、「達成策略」（S），最後就剩下「檢核標準」（M）的步驟；亦即用實際的執行，來檢視前面所設定的目標是否精準，以及所採取的策略是否有效。

因此，本文將引導你針對你所列出的所有策略，判斷每一項的重要性、需要多少時間和金錢、從什麼時候開始做比較好……並據此排入「高中三年時程規劃表」中，你就不會迷惘地「且戰且走」，而是每一步都能有清楚的方向；若需要修正、轉向，也會有所本。（第 218 頁：學涯設計單 ⑭：高中三年時程規劃表）

學習歷程照表操課

在這張表中，依據學習歷程的架構，分成兩大重點：「課程學習成果」與「多元表現」。在課程學習成果中，包含依照個人現況與目標，你想加強的科目，以及在校內可以選修的

相關領域課程。

在多元表現部分，包含了校內的自主學習計畫（當然可在校外執行），以及校外機構、組織，或營隊的活動參與兩種類型。例如想參加營隊，必然需要安排在寒暑假，那麼是哪一個寒暑假？想加強英文，那麼是從什麼時候開始？這些都需寫上！

而最後一欄是「找到 Mentor」，希望你能照著前面學涯職涯探索的內容，找到相關領域的前輩進行訪談、尋求建議。從經驗看，通常會有意想不到的收穫，以及更加清楚的方向。因此，請找到與你目標領域、職場或科系相關的人，或直接找輔導老師，並在對應的時間，寫上這個人的名字。

這張「高中三年時程規劃表」的重點，是以「校內可完成、自主或免費的學習方式」為主，需要額外花費的則為輔助；這不只是教育部與許多大學教授的建議，也是更符合大多數人的方式。當然，許多自主學習是需要花錢、花時間的，但同時也存在更省錢、省時的做法；為了達成目標，而多付出一些心力，去找到適合自己、可負擔的方式，不只是一種很好的自我成長，更是一種成熟。

現在就拿起筆，把目標填進來吧！如果有需要跨學期進行的計畫，也可以跨格寫唷！

「高中三年時程規劃表」是本書所有學涯設計單中的最後一張，也是最重要的一張。相信你會有一種感覺，這當中最珍貴的不是規劃表本身，而是產出內容的過程；因為**當你從零開始思考未來、進行探索、找資源，最後完成了三年的學涯規劃，你已經開始建立 108 課綱九大素養中「自主行動」領域的能力！**

保持彈性

當你不只知道「要做什麼」，也知道「為什麼要做」的時候，迷惘感就會降低，接下來就該放下書本、付諸行動了！

而在執行中，有兩件事需要特別注意：

1、常常滾動式調整

許多人的方向，是在經年累月的試錯過程中，跌跌撞撞找出來的，而當你看這本書，也許只用了 5-7 天，就找到了大致的方向；但無論是哪一種，有個共通的事實是「選錯是常態」。

這邊所說的「選錯」，並非指所選的無道理，而是世界不斷改變，你也每天在成長，當中發生的每件事，例如革命性技術的出現、舉家搬遷至新城市、另一個 Covid-19……都可能使我們轉往新的方向。

因此，**在執行過程中常常檢視目標與手段，並大膽調整、確認自己仍往正確方向前進，是非常重要的！**小至執行方式的改變，過去喜歡實體課程，如今只能用線上上課；大至人生方向的不同，過去想當工程師，如今想成為藝術家……只要想清楚，並做好規劃，確定能承擔所有責任，改變都是可以的！因此，常常滾動式調整，邊做邊改、邊改邊做，是非常重要的。

2、記得為身心靈留空間

在高中時期，因為有不小的競爭與升學壓力，又對未來感到迷惘，許多同學即使知道休息的重要性，仍會在休息時感到焦慮；擔心別人在前進，自己卻在停滯，相較之下就落後了。不過許多人的休息只有睡覺，但睡覺有可能只是逃避，並不等於休息。

因此，你需要特別安排個人的「休息時間」，在一週的時間表中，安排讓自己放鬆的時刻吧！去打打球、戶外散散心，

或有人用信仰的方式，只要不傷害自己或他人，你可以選擇自在的方式，恢復動力與彈性。拳頭一直緊握，最後只會力竭受傷；反倒是學會放鬆，才會知道如何緊握；在收放之間，握力也會漸漸變強。

身心靈是你一生的戰友，需要刻意留下空間，才能夠跑得更長久。

 # 學涯有規劃才不會且戰且走

學涯設計單 ⑭：高中三年時程規劃表

各階段時間點	課程學習成果	
	重點加強科目	欲選修課程
升高一暑假		
高一上學期		
高一寒假		
高一下學期		
升高二暑假		
高二上學期		
高二寒假		
高二下學期		

多元表現		找到 Mentor
自主學習計畫	參與校外活動	

學涯設計單 ⑭：高中三年時程規劃表

各階段時間點	課程學習成果	
	重點加強科目	欲選修課程
升高三暑假		
高三上學期		
高三寒假		
高三下學期		
升大一暑假		

多元表現		找到 Mentor
自主學習計畫	參與校外活動	

透過自主學習與心得反思，
成為更好的學習者

有人說：「學習，是人生中的必修課。」人生像是一段或長
或短的旅行，有時有旅伴、有時有導遊、有時晴、有時雨；
但無論如何，日子會自動往前行、無法拒絕。因此，若想提
升這趟旅行的品質、更好地面對未來，我們就需要「學習」：
知道自己適合或想要什麼、越來越會選擇好方向、爭取更多
本錢、為所愛的人貢獻更多；這些似乎常聽到，但關鍵在於，
你是獨一無二的，也將會走獨特的路，別人口中的「標準答
案」無法滿足你，別人的路也未必適合你。

不只如此，這世界充滿了有趣的事！在撰寫本書的兩個半月
中，我們見證了元宇宙（Metaverse）爆紅、新冠病毒出現新
變種 Omicron、歌手在 NFT 平台賣歌一夜賺得上千萬⋯⋯有
新挑戰，更有新可能，每件事都太值得學習！至此，我們都
需要重新思考學習的意義與方向，因為每件事都有價值，但
顯然我們無法（也不需要）什麼都學；而這就是學涯規劃的
價值：「讓你能把學生時期、最精華的學習時間，發揮最大
價值。」

跟著本書至此，你已扎扎實實地走過了「學涯規劃」的歷程，從探索自己與世界、釐清問題，也取得足夠資訊後，開始選擇方向與資源，設定了線上線下、校內校外的學習，當中包含各種有趣的自主學習；最後產出了一份具體的「高中三年時程規劃表」，並留有調整的空間。藉由這些步驟，你不僅解決了自己「學習缺乏規劃」的問題，更創造了「學習成為自主學習者，並藉由學習邁向目標」的價值。

接下來，將進入本書最後的重點，關於自主學習與心得反思；但很特別的是，我們將不從「技術」的角度切入，因為網路上已經存在非常多好資源，只要輸入關鍵字，你一定能選到最適合自己的。我們要把自主學習與心得反思，放進個人學習成長的脈絡中，你將能用更整全的角度重新看待這兩件事，不再只是交作業，而是你成長的燃料。

將設計思考概念帶進學習

如果你曾經嘗試深入思考一件事，並著手解決問題（也許不只一次），你可能就會隱約感覺到，當中的邏輯是非常類似的，就是要解決問題，並創造價值。事實上也的確如此，而我們能以「設計思考」（Design Thinking）的概念，來總結這個過程。

「設計思考」是指設計師解決問題的方式，即「站在使用者角度思考的問題解決方法論」；當中有六大步驟：同理需求、定義問題、創意發想、製作原型、進行測試、付諸實踐。

以「室內設計」為例，當設計師接到一個新案子，首要任務就是認識客戶，包含他的個性、職業、生活習慣、對家的想像……藉著問問題，來貼近客戶的想法，這就是「同理需求」。「定義問題」則是將所收集到的資訊，進行系統化的整理；接著針對問題進行「創意發想」，例如為了少裝冷氣而多開窗戶等。而「製作原型」就是照著發想出的創意，實際畫出設計圖，並與客戶討論「進行測試」；反覆調整後，確定沒問題即可「付諸實踐」開始施工。

而設計師的養成，還有許多看不到的部分。設計師在自主接案前，通常會先擔任助理，跟著老闆吸收經驗與新知、參觀

經典作品增加美感……甚至持續到成爲正式設計師之後。而這些上班外的「自主學習」，會幫助個人能力全面成長。

許多設計師都有一本手帳，把好設計或靈感，自己的感受、想像都記錄下來。這些不只會塑造設計師本身，更會影響往後的作品與發展，這就是「心得」，藉著問問題，幫助我們發現自己的進步之處、產生成就感支持自己持續往前。而當案子結束，許多設計師們也會藉著檢視案子的執行過程，更認識自己的強項與弱點、思考如何能做得更好，並爲自己找到更多可能性，這就是「反思」，把目光聚焦於自己，讓自己變得更好。

在以上舉例中，我們可以看見「自主學習」與「心得反思」在學習過程中的角色，以及兩者的關鍵重點。如果「成長」是一條很長的旅程，自主學習就是前進的方式與能量來源，而心得反思可以幫助我們調整步調，並定準前進的方向。

建立自主學習的能力

在過去，老師是學習的主要發動者，引導學習行爲的方向與步驟，並掌握了學習成果的評比；而現在已然是個「自主學習時代」，老師是引路人，而你成爲了學習的發動者，享有

更多「發球權」，決定為什麼要學、學什麼內容（學習組合）、學習方式、學習的時間和地點等，你能夠是自己學涯的主人。

雖然大多數學校，每週只有一至二堂「自主學習課」，但你可以用自主學習的角度，來看待所有課內外的學習。藉著學生時期有限度的選擇自由，加上既有課程的架構，幫助我們建立自主的能力。有三個關鍵心法，能幫助你建立自主學習的能力，且出社會後仍然受用。

1、找到 Mentor

許多同學在嘗試自主學習時，第一個遇見的困難，就是設定主題與時程。努力很重要，但自主學習並非自我孤立！學習新領域，就像去到陌生的國家，會需要導遊或地圖；而一個真實走過學習過程的人，能夠更細緻地幫助我們設定階段性目標、安排時程與點出盲點，就如同武俠小說中，突然得到大師數十年功力真傳。除了投注心力以外，找到合適的資源、提升學習成效，也是重要的能力；這也是本書第二次提到「找Mentor」的觀念，因為真的非常重要。

2、不斷問問題

許多人不喜歡問問題，或許是因為問題很多的人，看起來很笨；但事實可能正好相反！特斯拉創辦人馬斯克（Elon

Musk）曾說：「很多時候，問題比答案難找；如果你能適當
說出問題，答案就比較簡單了。」無論是一篇好論文，或是
一段好訪談，都建立於「好問題」之上。問題就像一把鏟子，
能從地上挖掘出泉水，而關鍵就在「持續挖深」。抓住一個
方向，不斷問為什麼？是什麼？這代表什麼？怎樣能更好？
還有什麼可能性？不只會讓你的學習，有更深層的收穫，也
會建立你看事情的多元眼光。

3、動手解決複雜問題

完整的自主學習不只是寫計畫（Paper work），更包含執
行與檢討，其中最複雜的，就是與人相關的事務（People
work）；無論是組員間的合作，發生在意識型態、金錢等敏
感領域的衝突，遭遇卡關挑戰的時刻，又或嘗試討論複雜議
題時，都是更困難的。但當動手解決複雜的問題，就會促使
你運用所有的知識、技能、人脈，你的格局也會因此提升。

\# 自主學習時代

\# 老師是引路人，你是學習的
　　發動者

心得反思不會寫？
30 個問題帶你進行思考

學習歷程檔的呈現，有兩個重要的精神，一個是「歷程」、一個是「反思」，許多學生對於準備學習歷程感到困難的其中一點，便是不知該如何描述自己的學習經驗、反思。

在整個學涯中，我們都會有需要檢視自我學習步調、調整方向的時候，此時便是「心得反思」上場的時機。

「心得」與「反思」兩者常被連在一起講，也都是學習的過程，卻有所不同。心得是 Learn to be better（因學習而變得更好）的過程，關於自己學到什麼、帶來什麼改變；而反思是為了 To learn better（為了更好地學習），關於成為一個更好的學習者。

為了幫助你更精準地抓到核心精神，下表提供一些引導問題，讓你能更有脈絡地進行思考。

透過「提問」檢視自己的學習

心得

學習類》

1. 觀察描述	・本單元／講座主題為何？ ・在談哪些概念、思想或理論？ ・在解釋或解決什麼問題？ ・成效如何？
2. 分析解釋	・我印象最深刻的是什麼？ ・這些內容最有趣／最挑戰／最衝擊之處？ ・與過去所學、世界趨勢、特定族群或個人有何關連？
3. 應用行動	・我有任何延伸的問題嗎？ ・還想更了解哪些領域？ ・可能會需要哪些協助？ ・我會將學習的內容應用於哪裡？

經驗類》

1. 觀察描述	・本活動／工作坊／營隊主題為何？ ・我做了或經歷了什麼事？ ・解決了什麼問題？ ・成效如何？
2. 分析解釋	・我印象最深刻的是什麼？ ・所做事情的意義為何、為什麼要這樣做？ ・與過去所學、世界趨勢、特定族群或個人有何關連？ ・可能會如何影響他們？
3. 應用行動	・經過此活動／工作坊／營隊，我會做出哪些改變或後續行動？ ・為什麼？

反思	
1. 檢視成果	· 我有學到最關鍵的觀念、知識、技能或態度嗎？
2. 回顧過程	· 我成功運用了哪些學習策略、方法或資源？ · 成效如何？
3. 理性分析	· 我在學習與成果產出的過程中，有哪些優缺點？
4. 翻轉失敗	· 我「還沒」成功的地方有哪些？ · 為什麼？ · 我如何增加成功率？
5. 敢於改變	· 為了讓自己成為更好的學習者，我會做出什麼改變？ · 我會尋求哪些幫助？

請注意，以上問題是為初學者而設計的，適用於大多數人，但更像是一種「拋磚引玉」；因為學習是一件高度個人化的事，每個人的脈絡都不同，產生的心得與反思也就不同。這意味著**你可以藉著獨特的問題、引出獨特的內容，只要經過練習，你一定能問出更適合自己、具有個人特色，且發人深省的問題。**

我把心得與反思兩者分開，一方面是要讓同學更好理解，二方面是兩者確有差異；但聰明的你一定看出來了，這兩件事其實是分不開的，既互為表裡，也同時發生，並且同為自主學習中不可或缺的元素。當然也適用前文提到的三個關鍵心

法：找到好的 Mentor 引導你有新角度、不斷學習問題，更要大膽應用於複雜的事務上。

雖然在 108 課綱中，自主學習與心得反思扮演了重要角色，許多同學也為此感到困擾；但本書沒有花費過多篇幅在工具教學，而是著重於心法上，因為工具會不斷推陳出新，而心法卻是通則性、一體適用的。

接下來是本書最後的段落，我想送各位一份禮物，是三把通往未來的鑰匙。

 ＃心得與反思都不可或缺

三把通往
未來的鑰匙

在撰寫本書、逐句雕刻的過程中，我常想像要把三個觀念「塞」進讀者的腦中；但後來發現，原來我是要將三把鑰匙，交到讀者的手中。期望它們能幫助你脫離窠臼、更加自由。

第一把鑰匙：這些不是為別人做的

作為教育平台的創辦人，我除了在各種課程、工作坊中直接面對學生，也「潛水」於各種線上社群中，看看同學們有什麼問題，有時候也會提供淺見。有一類很常出現、卻常讓我遲疑的問題是：「如果我想上○○系，學習歷程應該放什麼？」「○○系教授想看怎樣的學習歷程？」

我要先說的是，這些問題並沒有錯；不只可以問，且都有頗為清晰的解答方向，就在第三章所提到認識科系的網站。但當我看到這些問題，第一個疑問會是「你真的想上那個系嗎？」（如本書一開始所述，台大有 55％大一生認為自己選錯系），第二個疑問則是「你真的要花三年的時間，去滿足

教授的眼光嗎？」

且不論這些問題中的「○○系教授」到底確切在指誰，至少在我所就讀的台大政治系中，每位教授都有十足的個人特色，而我頗為確信，他們都有獨到且各自不同的眼光，要同時滿足每一位，鐵定是不可能的。另一個角度是，他們真的想看你「為他們量身打造」的內容嗎？我想說的是，若學習歷程代表你高中三年的成長脈絡，也代表你所做出的選擇與努力，那「為別人而做」是否真的就一定好？

我們都必須清楚地知道，學歷是重要的，但並不能夠完全定義一個人；他人眼光所望之處，也不會是我們生命的終極追求。有人適合站在燈光聚焦的舞台上，但同時有人適合打亮那盞燈；而燈光師所站的控制台，不也是一方舞台嗎？

為別人的眼光而做，雖也有動力，但終將感到迷失；為自己的使命而做，雖也有攔阻，但終將會被看見。

第二把鑰匙：當一個行動家

這句話相當直白，但也許會有些挑戰；因為學生們很忙、真的，在 108 課綱後的學生更是如此，有太多東西要做。但這

仍然是有可能的，因為你一定還是有時間出去玩、去參加社團、去看電影……既然要做這些事，何不加上一些未來感，讓它與個人未來方向有關；又或加上一些價值感，讓它能影響更多人。這樣做，可就不一定無聊了！

我要說的是，如果想做什麼，就想辦法做到；如果想學什麼，就想辦法去學，而且學到自己滿意為止；想考前三名拿獎學金，就去拚啊！我最喜歡的作家之一九把刀曾說過：「說出來會被嘲笑的夢想，才有實踐的價值。即使跌倒了，姿勢也會非常豪邁。」

困難是一定有的，沒錢？網路上有很多免費資源；沒時間？擠，一定有；不知道如何開始？開口問就對了。有價值的事，都需要付代價，有時候還需要「信心的一躍」；書中所有的探索與規劃，都是在降低門檻，但你仍然需要跳起來，才會飛過門檻。

我提供一個算式：

50 分的計畫 ×60 分的行動 ＞ 100 分的計畫 ×0 分的行動

很不數學，但你一定看得懂；而且我保證，若你開始付諸實行，會看得更懂。不用每件事都 100 分，開始向前走的你，

已經很棒了！

第三把鑰匙：方法有限，但人的可能性無限

最後，我想鼓勵你：無論現在的你看起來如何，你都有無限的可能！

我並非憑空說這句話，光是能將本書讀到這裡（甚至做完了學涯設計單），你就已經在嘗試跨出舒適圈，我相信你也已經看到了更多可能性。無論是我看著自己成長、觀察同學和朋友，又或在超過十年、幫助數千位學生的經驗中，都不斷在驗證著這句話：你真的有無限的可能。

祝福每一位讀這本書的人，都能想像、設計，並活出一個充滿想像與動力、自主成長、導向未來的學涯！

謝辭

———

《聖經》上有句話說：「你行走，腳步必不致狹窄；你奔跑，也不致跌倒。」（箴言 4:12）

波斯詩人魯米（Rumi）說：「當你開始踏上路途，路途就會開始自己展現。」

寫這本書，就像跑一場有時間限制，卻不知終點在哪的馬拉松；我能行文至此，靠的全是從上頭，以及四面八方來的慷慨幫助。書中大多數章節，我需要盡力寫得讓所有人能看懂；但在這段，我能盡情地把感謝獻給你們。

感謝上帝，即使我是半路出家，沒上過一堂教育專業的課，都仍然呼召我、帶領我，並把信望愛放在我的心中；讓我不只是提供一些工具或技術，而是能學習服事下一代。

感謝我的爸媽，給了我勝過全世界的愛、供應與耐心，並容忍我「不務正業」，就算很難跟別人分享兒子到底在做什麼，仍給我許多自由，從不質疑，且為我感到驕傲。也感謝我弟弟坤正，在我為進度焦頭爛額時，協助分擔工地的大小事。

感謝台北新生命小組教會的牧者們，特別是麗惠牧師與華芳牧師，常為我禱告，又支持、鼓勵、提升我，能持續走在呼召的路上；感謝但七牧區的弟兄姐妹和 WeTeach 團隊，我們一起摸索與突破，在方向模糊的時候，你們也未曾離開。特別感謝琬羚，妳的愛、陪伴、支持與代禱，給了我許多力量。我也要謝謝 Cross Cafe 團隊溫暖的接待，讓我常常一坐就是一整天；書中大約有 60% 的內容，是在店中寫出來的。

感謝《親子天下》的副總監珮雯，是這本書最大的推手，引導新手寫書有多困難，我自己知道（哈）；也感謝責任編輯翠瑄，在後期的鼎力相助，補足了許多細節。妳們的態度、專業與創意，真的讓我印象深刻！也謝謝所有《親子天下》同仁的協助，以及媒體中心紹雯主編一開始的轉介！

最後，我要特別謝謝每一位受訪者，應璇、承翰、宣茹、科翰、鈺翔，感謝你們在事業與學業百忙之中，仍然抽空受訪；你們的分享無懈可擊，也將持續祝福許多人。

謹將這本書，獻給上面所提的每一位，也獻給大中華地區眾多充滿潛力的孩子，以及努力付出的老師與爸媽們；希望這本書能激勵許多人，自由發光！

定位點006

用IG思維，做自己的學涯設計師
100天書寫，學習歷程絕對出色！

作者｜陳坤平
責任編輯｜許翠瑄
編輯協力｜陳珮雯
校對｜魏秋綢
封面、版型設計｜Rabbits design
內頁排版｜雷雅婷
行銷企劃｜陳韋均

天下雜誌群創辦人｜殷允芃
董事長兼執行長｜何琦瑜
媒體產品事業群
總經理｜游玉雪
總監｜李佩芬
版權專員｜何晨瑋、黃微真

出版者｜親子天下股份有限公司
地址｜台北市 104 建國北路一段 96 號 4 樓
電話｜(02)2509-2800　傳真｜(02)2509-2462
網址｜www.parenting.com.tw
讀者服務專線｜(02)2662-0332　週一～週五 09:00~17:30
讀者服務傳真｜(02)2662-6048
客服信箱｜bill@cw.com.tw
法律顧問｜台英國際商務法律事務所 · 羅明通律師
製版印刷｜中原造像股份有限公司
總經銷｜大和圖書有限公司　電話｜(02)8990-2588

出版日期｜2022 年 01 月第一版
定價｜580 元
書號｜BKELS006P
ISBN｜978-626-305-166-9（平裝）

訂購服務
親子天下 Shopping｜shopping.parenting.com.tw
海外 · 大量訂購｜parenting@service.cw.com.tw
書香花園｜台北市建國北路二段 6 巷 11 號
電話｜(02)2506-1635
劃撥帳號｜50331356 親子天下股份有限公司

國家圖書館出版品預行編目 (CIP) 資料

用 IG 思維，做自己的學涯設計師：100 天書
寫，學習歷程絕對出色!/陳坤平著. -- 第一版.
-- 臺北市：親子天下股份有限公司, 2022.01

240 面；14.8x21 公分. -- (定位點；6)

ISBN 978-626-305-166-9(平裝)

1.CST: 高中生 2.CST: 自我教育 3.CST: 生涯規劃

524.22　　　　　　　　　　　110022778

立即購買 >